COMUNICACIÓN ÁGIL

Reinventando la comunicación organizacional con metodologías ágiles

Lucas López Dávalos y Mara Villamor

COMUNICACIÓN ÁGIL

Reinventando la comunicación organizacional con metodologías ágiles

Lucas López Dávalos y Mara Villamor

bubok
EDITORIAL

© Lucas López Dávalos, Mara Villamor
© Comunicación Ágil

Enero 2024

ISBN papel: 978-84-685-8003-6
ISBN ePub: 978-84-685-8007-4

Depósito legal: M-2592-2024

Editado por Bubok Publishing S.L.
equipo@bubok.com
Tel: 912904490
C/Vizcaya, 6
28045 Madrid

Los autores

Lucas López Dávalos es Licenciado en Comunicación Social Diploma de Honor de la Universidad de Buenos Aires, Agile Coach, ICAgile Certified Professional y ICAgile Authorized Trainer.

Mara Villamor estudió Ingeniería en Sistemas de la Información en la Universidad Tecnológica Nacional de Argentina, es Enterprise Agile Coach, Conscious Business Coach, Lean Change Management Trainer y ICAgile Certified Professional.

Agradecimientos

Según el psicólogo norteamericano Marshall Rosenberg, creador de la Comunicación No Violenta (CNV), al expresar gratitud sincera es preferible hacerlo ofreciendo datos concretos acerca del valor agregado que estamos reconociendo, antes que cumplidos generales. Por eso queremos agradecer:

A Ingrid Astiz por su exhaustivo feedback sobre nuestro Manifiesto.

A Celeste Benavides y Valentina Navarrete por habernos inspirado y desafiado a confiar en nosotros mismos y continuar con esta aventura.

A Susana Cáceres y Manuel Tessi por sus comentarios al borrador de este libro, así como por su cariñoso y permanente apoyo.

A Rox Muñoz, Belén Santandreu y Susana Casal por su generoso feedback, el cual permitió mejorar mucho las ideas aquí vertidas.

A Kris Neckelmann por su dedicada lectura y observaciones. También por haber sido parte de nuestros primeros cursos y por las hermosas gráficas que visten este libro.

A Cyn Rubinstein por su maravilloso prólogo.

*Dedicado a nuestros padres
y a nuestros hijos.*

Índice

Prólogo

Cuando recibí el llamado de Lucas para escribir este prólogo no dudé en decirle que podían contar con mi colaboración. Y cuando me acercó su borrador no hizo más que
terminar de convencerme. Leo en sus páginas un latir atra-
pante, una postura y un propósito tan claro que me siento
convocada como profesional: el llamado a la reinvención
ya no puede ser ignorado.

Ha llegado el día en que las organizaciones deben repensar los aportes que la agilidad puede hacer en todos sus
ámbitos, especialmente en aquellos donde las personas
somos protagonistas. Incrementar los "vasos comunican-
tes" que relacionan al mundo de la agilidad fuera del desarrollo de software sabiendo, además, que muchísimos de
los programas de agilidad fracasaron no por razones técnicas, sino porque no lograron la transformación cultural
que se requiere para hacer un cambio sostenible.

El *16th Annual State of Agile Report*, uno de los informes
más prestigiosos sobre el estado actual de las prácticas y
metodologías ágiles en el mundo, no hace sino decirnos
que la foto es correcta con una frase contundente: "Las
estadísticas muestran que las prácticas *agile* chocan con
frecuencia con la cultura de la empresa. De hecho, aparece como la principal causa de fracaso en la aplicación de
agile".

Somos muchas las personas que estamos comprendiendo que la cultura necesita de un trabajo orgánico y, sobre todo, consciente, sensible y empático.

En 2023, Alistair Cockburn, creador del enfoque Heart of Agile (HoA) o Corazón de la Agilidad y coautor del Manifiesto Ágil, sumó a su "back to the basic" que es el HoA, tres palabras mágicas para quienes trabajamos en agilidad: apertura, diálogo y, en el centro, nada más y nada menos que "humanidad".

Es que cuando la agilidad se saca las plumas, las certificaciones, los tecnicismos excesivos y vuelve a los valores y principios que le dan sentido, es cuando lo humano florece en las organizaciones que deciden hacer su camino y su práctica en la agilidad.

En estas páginas podrán leer en consonancia con todo esto una mirada mucho más exponencial de lo que se entiende por comunicación. Mara y Lucas, dos personas apasionadas de la comunicación, han decidido embarcarse en un viaje de exploración y aprendizaje a través de la transformación ágil, combinando lo mejor de ambos mundos para trabajar y borrar un límite que para mí ya debería ser inexistente.

Este libro contiene un enfoque contundente, donde la sinceridad y el valor de sus puntos de vista nos guían hacia un terreno fértil (y orgánico) de descubrimientos y reflexiones.

Cuando la agilidad y la comunicación se combinan, se crea un espacio de sinergia donde mutuamente se nutren y se potencian, permitiendo una comprensión más profunda de los desafíos organizacionales y una generación de soluciones más creativas e innovadoras, lo que fomenta una cultura de aprendizaje continuo, donde la curiosidad y la apertura a nuevas ideas se vuelven la base de la innovación.

En un mundo donde la comunicación se ha convertido en un motor de cambio y transformación, este libro nos invita a dejar atrás las viejas formas de transmitir mensajes, abrazando la amalgama entre agilidad y comunicación como una oportunidad única de ver a la comunicación desde una nueva perspectiva: no como un accesorio superficial ni como una "guarnición", sino como el cimiento sobre el cual se construyen las bases del cambio.

A lo largo de sus reflexiones, encontramos una energía vibrante que contagia, nos desafía a cuestionar paradigmas y a abrir nuestras mentes a la colaboración y la diversidad de ideas. Nos enseña que la comunicación transformadora nace en la intersección de distintas perspectivas, en la escucha activa y en la apertura a todas las voces dentro de la organización.

Este libro es una muestra de sinceridad y honestidad en cada una de sus páginas. Mara y Lucas comparten sus experiencias y aprendizajes con valentía, invitándonos a ser cómplices de su proceso de descubrimiento. Nos hablan desde el corazón y nos transmiten la pasión que sienten por sus prácticas y su potencial para generar cambios profundos y significativos en las organizaciones.

Me saco el sombrero ante la simplicidad del texto porque considero que es allí donde radica su fuerza: en la capacidad de transmitir ideas complejas de forma accesible y clara encontrando el equilibrio entre la profundidad de sus reflexiones y la sencillez de su lenguaje. Entonces, el libro es una oportunidad hermosa para todos aquellos que deseen explorar y experimentar estos temas por primera vez, así como para aquellos que con mucha experiencia busquen reafirmar sus certezas y ponerles palabras precisas.

¡Vamos! Llegó el momento de sumergirse en este viaje emocionante y apasionante. Permítanse ser inspirados por su enfoque sincero y jugado, y abran sus mentes a las posibilidades que la Comunicación Ágil puede ofrecer. Prepárense para descubrir una nueva forma de relacionarse con la comunicación y para llevar a sus organizaciones hacia un futuro de transformación y crecimiento.

Cyn Rubinstein

Qué esperar de este libro

¿Qué rol debe jugar la comunicación en la transformación digital y cultural que están atravesando nuestras organizaciones? ¿Cómo logramos equipos de comunicación de alto rendimiento genuinamente comprometidos con la mejora continua?

¿Qué distingue a los comunicadores más innovadores del resto? ¿Qué tienen en común los líderes que mejor comunican? ¿Qué prácticas, mentalidades y marcos de trabajo resultan más apropiados para la comunicación en la Era del Conocimiento? ¿Cómo podemos desarrollar comunicación en ciclos que nos permitan colaborar, entregar, reflexionar y mejorar frecuentemente?

¿Qué sucede con los comunicadores cuando se atreven a incorporar conscientemente a su práctica diaria competencias como el mentoring, el coaching, el entrenamiento y la facilitación de grupos?

Durante más de una década hemos venido poniendo en práctica, escribiendo, pensando e intercambiando ideas sobre la comunicación en el trabajo guiados precisamente por este tipo de preguntas.

Así fue como comenzamos a experimentar de la mano de las metodologías ágiles. Luego, poco a poco logramos sistematizar algunos aprendizajes que hoy venimos a compartir en estas páginas.

Si tuviésemos que elegir uno o dos verbos para describir el objetivo de este libro diríamos que nuestra intención es inspirar y desafiar. ¿A quién? A personas que, como nosotros, encuentran en la comunicación organizacional (interna y externa) una vocación eminentemente empírica y transformacional.

La palabra vocación, del latín *vocare*, hace referencia a un llamado. Nuestro propósito es convocar a todos aquellos espíritus inquietos que entienden a la comunicación no como un agregado deseable, una "palanca" o un "habilitador" de los procesos de transformación digital y cultural, sino más bien como la llave del cambio.

Salvo raras excepciones, comunicación y agilidad han aparecido en las organizaciones como dos vastos territorios sin demasiada conexión aparente. En cualquier caso, no falta consenso en cuanto a la importancia de contar con una buena comunicación en los procesos de transformación, sean o no ágiles.

De hecho, resulta difícil recoger opiniones en contrario. Y es que parece operar un cierto mandato desde lo políticamente correcto que obliga a las personas a reconocer (al menos de la boca para afuera) esa "importancia" de la comunicación en las organizaciones.

Sin embargo, existe bastante desconocimiento acerca de su verdadero potencial así como del trabajo de los comunicadores organizacionales. A diferencia de lo que ocurre con la agilidad, donde la falta de conocimiento sobre las metodologías ágiles y el trabajo de los agilistas podría atribuirse a su relativa novedad, en el ámbito de la comunicación resultaría un poco forzado afirmar lo mismo.

La comunicación ha estado presente desde el origen de las organizaciones. De hecho sin comunicación no hay organización posible. No obstante, como veremos más adelante, la disciplina ha sufrido cierto acartonamiento a lo largo del tiempo, lo que le ha impedido evolucionar junto con el pensamiento y las prácticas organizacionales más desarrollados.

Sin hacer demasiado "spoiler", en las siguientes páginas descubrirás un camino que va desde qué entendemos por comunicación organizacional y agilidad, las nuevas competencias del comunicador ágil, los valores y principios del Manifiesto de la Comunicación Ágil, hasta cómo mejorar la gestión de la demanda, en qué consiste la planificación ágil de la comunicación y cómo llevarla a la práctica, entre otras cosas.

Además, encontrarás casos concretos de aplicación, respaldados por ejemplos reales que hemos experimentado, junto con valiosos consejos y trucos, así como una batería de preguntas poderosas al final de cada capítulo, como para que puedas empezar a hackear desde ahora mismo la comunicación de tu organización con métodos ágiles. Con todo, lo más importante para nosotros es inspirarte a adoptar una mentalidad ágil para que te animes a dar un salto de calidad en tu trabajo y, por qué no, en tu vida.

Capítulo I.
Conectando los puntos

Ese campo que de manera nada clara se llama en
América Latina "comunicación y cultura" es un campo
típicamente transdisciplinario.
Aníbal Ford

Todas las tecnologías de vanguardia, desde la biotecnología
hasta la inteligencia artificial, arraigan en un principio
único: la comunicación.
Lucien Sfez

Del telégrafo a la orquesta y más allá

En un mundo cada vez más hiperconectado por inmensas redes telemáticas y de telecomunicaciones, la comunicación aparece como una suerte de panacea modelo siglo XXI.

Asistimos a una era en la que el discurso publicitario y de las redes sociales, con fuerte poder para ordenar ideológicamente una amplia gama de prácticas sociales, construye un universo cuya piedra basal sería la imperiosa y adictiva necesidad de "estar comunicados" o "conectados", siempre.

Este hecho de incalculables alcances desde el punto de vista cultural y psicológico, incide particularmente en el ámbito de la comunicación organizacional como disciplina. Así, por ejemplo, las llamadas Ciencias de la Comunicación

Social son percibidas mayormente por la sociedad como aquel campo que estudia casi exclusivamente la comunicación masiva o, en su defecto, las redes sociales.

Por el contrario, nosotros entendemos a la comunicación como una serie de procesos culturales fundamentales, presentes en todas las organizaciones humanas, incluso mucho antes de llegar al análisis de cualquier medio, formato, soporte o canal específico.

Si bien el término comunicación viene de "compartir" y "poner en común", con los años su significado se ha ido cerrando cada vez más hacia el concepto de "transmisión", en el sentido más literal y transaccional del término.

Tal como describe Yves Winkin (1982) en su libro *La nueva comunicación*, si nos remitimos al origen etimológico de la palabra, al menos en la modernidad, la misma aparece en Europa hacia la segunda mitad del siglo XIV utilizada para denotar la idea de "participar en" o "poner en común", de acuerdo con los sentidos primigenios heredados del latín *communicare*.

Incluso hasta comienzos del siglo XVI permanece muy próxima a "comulgar" y "comunión", términos más antiguos también procedentes del vocablo latino. Ya entrado el siglo XVI remite a la idea de "practicar una noticia" y también a la de "transmitir" (por ejemplo una enfermedad).

Con el tiempo, las más antiguas reminiscencias colaborativas que iban en el sentido de "poner en común", "compartir" y "participar" pasan a un segundo plano, dejando en el centro de la escena la idea de la "transmisión" o "envío" de algo.

Hacia 1850 el término se consolida convirtiéndose en el concepto general abstracto para denominar rutas, conductos y trenes, y para mediados del siglo XX ya designa a las industrias de prensa, cine, radio y televisión.

Entonces, especialmente a partir de la publicación de la *Teoría Matemática de la Comunicación* a fines de la década de 1940 (Shannon y Weaver, 1949) el paradigma ingenieril-mecanicista comienza a ceñir a la comunicación al rincón de la "transmisión", ejerciendo una fuerte influencia en la mentalidad y en las prácticas cotidianas de miles de personas en todo el mundo.

Este modelo se basa en la transferencia de información a través de un medio físico, donde la comunicación es entendida como el mero envío de mensajes desde una fuente hasta un destino a través de un canal.

Aunque el modelo lineal-telegráfico habría de convertirse rápidamente en la corriente dominante de la comunicación (al punto tal de incorporarse al sentido común occidental mayoritario), en las décadas siguientes un grupo de investigadores visionarios desafió las ideas de Shannon instalando la metáfora de la comunicación como una *orquesta*.

Basándonos en esta conceptualización orquestal introducida por los investigadores de la llamada Escuela de Palo Alto, nosotros entendemos a la comunicación organizacional como una amalgama de procesos complejos, continuos, paralelos, y hasta contradictorios entre sí.

También conocido como la "Universidad invisible" por carecer de una sede física, este grupo de investigadores fundaría un nuevo paradigma de comunicación integral, mucho más ligado a la psicología, la biología, la microsociología y la antropología (Winkin, 1982).

Desde esta visión, la comunicación se desarrolla fusionando de manera constante diversas dimensiones, entre las que se incluyen la imaginación, el lenguaje, los gestos, la mímica, el espacio interpersonal, la historia y la cultura, tanto de la organización como de la región y país donde se encuentra. Esto, sin dejar de lado las comunicaciones mediadas, tanto internas como externas, que se desarrollan tanto en el seno de la organización como en su interacción con el entorno.

Pero además de la orquesta, existen otras analogías que nos pueden ayudar a repensar la comunicación. Como veremos más adelante, las metáforas que elegimos para describir ciertos fenómenos ejercen un poder muchas veces subestimado y, sin embargo, tienen una incidencia crucial en nuestras prácticas, incluso más de lo que sospechamos.

Por eso metáforas comunicacionales como la de la orquesta, la de una red o un magma irreductible de sentidos (Castoriadis, 1975), son solo algunas de varias posibles para empezar a reinventar la forma en que diseñamos y practicamos la comunicación organizacional.

Por el momento nos conformaremos con enunciarlas, como para ayudar a llevar a consciencia aquellos modelos mentales que soportan la comunicación tal cual se la ha venido entendiendo y desarrollando hasta hoy en las organizaciones.

Estamos convencidos de que es justamente de la mano de estos nuevos abordajes como podremos ampliar la mirada, a fin de comprender toda la riqueza de la comunicación, así como del rol de los comunicadores en nuestras organizaciones.

En un mundo frágil, hiperconectado, ansioso, complejo, volátil y altamente infoxicado —esto es, intoxicado por exceso de información— (Cornella, 2003) como el actual, resulta fundamental para el éxito de cualquier empresa gestionar adecuadamente su comunicación interna y externa, teniendo siempre en cuenta a una a la hora de activar la otra. Después de todo, vivimos en un mundo transparente, donde tarde o temprano todo se sabe.

Por eso decimos que la comunicación interna no existe. No porque no exista realmente, sino porque ya no puede concebirse como una disciplina completamente separada de la comunicación externa, las redes sociales, la comunicación de sostenibilidad y de diversidad o el marketing, así como todas las demás formas de comunicación presentes en las organizaciones. ¿O acaso en el contexto actual alguien es capaz de afirmar tajantemente: esto sí corresponde exclusivamente a la comunicación interna y esto no?

Adicionalmente, la comunicación interna está perdiendo la especificidad que tuvo hace unos años. Cada vez más prácticas, técnicas, dinámicas y abordajes provenientes del marketing digital, las redes sociales, la gestión del cambio, la transformación digital y la agilidad (entre otras disciplinas) la están invadiendo ¡pero sólo para hacerla mejor!

En todo caso, para hacer Comunicación Ágil (interna o externa) se necesita estudio, disciplina, entrenamiento y mucha, pero mucha práctica. La experimentación y los fracasos nos harán aprender e ir mejorando, poco a poco. Paralelamente iremos haciendo crecer nuestra destreza con tres ingredientes fundamentales: paciencia, apertura y humildad.

La agilidad como mentalidad

El progreso es imposible sin cambio y aquellos que no pueden cambiar de opinión no pueden cambiar nada.
George Bernard Shaw

¿Crees que tu forma de pensar es la mejor forma de pensar? Mi conjetura es que piensas que sí. Si no pensaras eso, probablemente cambiarías tu forma de pensar.
Ryan Gottfredson

Nos gusta decir que la agilidad es una mentalidad. Esto quiere decir que más allá de las técnicas, herramientas, metodologías y marcos de trabajo específicos, existe una especie de modo *agile* de ver el mundo.

Sin embargo, esa nueva manera de ver y de hacer las cosas implica desafiar hábitos y paradigmas heredados que nos atraviesan por completo, pero que nos cuesta distinguir si no entrenamos la mirada.

Por eso es conveniente meterse en este mundo desde el aprendizaje empírico con mentalidad de crecimiento, para desaprender y reaprender a ver y hacer las cosas de una manera distinta.

Esta mentalidad abierta y de crecimiento implica desafiar las formas tradicionales de pensar y trabajar. Se trata de una mentalidad o *mindset* flexible, resiliente y audaz, capaz de encarar cada nuevo desafío como una oportunidad para aprender, crecer y desarrollarse (Gottfredson, 2020).

Son modelos mentales que promueven la mejora continua, la resiliencia y la adaptabilidad. Entonces el crecimiento se da al tiempo que se obtiene una mejor comprensión de los desafíos del proceso, así como de las necesidades de las personas involucradas.

Al considerar la agilidad como una mentalidad se busca generar un cambio profundo en la forma en que las personas planean el trabajo, se organizan alrededor de objetivos desafiantes, reflexionan acerca de lo actuado y adaptan su curso en consecuencia.

No se trata únicamente de incorporar una serie de prácticas o herramientas, sino de adoptar una mentalidad flexible y adaptable que promueva la colaboración, la experimentación y la mejora continua, por diseño.

Esta transformación tiene implicancias directas en la forma en que colaboramos, cómo entregamos valor, cómo coordinamos nuestros esfuerzos y cómo aprendemos, así como el lugar que le damos a nuestros clientes, entre otras cuestiones clave.

Y cuando decimos cliente da igual si es interno o externo. Siempre trabajamos para alguien, en el sentido de que alguien siempre debería beneficiarse con el valor que entregamos. Si no tenemos claro para quién trabajamos, es tiempo de que reflexionemos al respecto. Éste suele ser uno de los puntos más débiles en el ecosistema de los equipos de comunicación organizacional. Si en tu equipo no lo han hecho todavía o hace mucho que no lo hacen, los invitamos a responder y conversar sobre la pregunta: ¿para quién trabajamos?

En síntesis, entender a la agilidad como una mentalidad es mucho más que solo seguir un conjunto de reglas o prácticas. Se trata de una forma de ser y de abordar el trabajo con una actitud de apertura, aprendizaje y adaptabilidad constantes.

La siguiente figura ilustra un poco mejor lo que queremos decir. Inspirada en la analogía del iceberg propuesta por Edward T. Hall (1976) para pensar la cultura de cualquier sociedad, esta comparación muestra cómo es que mientras sólo algunos aspectos concretos son visibles —tales como las prácticas, los comportamientos y los artefactos—, es decir aquello que está sobre el agua, existe también por debajo de la superficie una porción mucho más grande. Esta parte incluye atributos invisibles como las creencias, los valores y la mentalidad que los moldea en general.

Agilidad empresarial:
los beneficios para toda la organización

Los clientes están más informados y sus expectativas son más altas de lo que nunca han sido. Los empleados exigen más claridad, empoderamiento y significado en su trabajo. Solo las organizaciones de alto rendimiento, adaptables y ágiles prosperarán en este mercado impredecible.
Business Agility Institute

Si bien la agilidad se inició en áreas de desarrollo de software, en la última década ha trascendido y escalado a todas las áreas y niveles de la organización.

Luego de superada una primera etapa enmarcada en equipos de trabajo (y cuyo origen formal puede datarse en 2001 con la firma del Manifiesto Ágil) surgió la necesidad de combinar el valor que éstos aportaban por separado. El siguiente paso fue hacer crecer la agilidad más allá de estas células de trabajo, lo que dio lugar al concepto de "escalamiento".

Con los años, cada vez más modelos de escalamiento (como el modelo Spotify, SAFe y el del Business Agility Institute con sus dimensiones y dominios), han surgido bajo una misma premisa: cómo llevar los frutos de la mentalidad y las nuevas formas de trabajo ágiles asociadas a todas las áreas de la organización. Surge entonces el concepto de Agilidad Empresarial, *Business Agility* o bien *Enterprise Agility*.

Vale la pena hacer acá una pequeña aclaración. Diferentes organismos globales hablan de este tema de la agilidad llevada a toda la organización de modos similares aunque diferentes. Por ejemplo, mientras el Business Agility Institute llama "Enterprise Agility" a uno de los dominios o partes dentro de su modelo más grande de Business Agility, la Enterprise Agility University y el Enterprise Agility Institute hablan de agilidad empresarial o *enterprise agility* como el conjunto.

En consecuencia, el Business Agility Institute (BAI) define a la agilidad empresarial con estas palabras:

> En su forma más simple la agilidad empresarial es un conjunto de capacidades organizativas, comportamientos y formas de trabajar que le brindan a su empresa la libertad, flexibilidad y resiliencia necesarias para lograr su propósito, sin importar lo que traiga el futuro. Empieza a pensar en la agilidad empresarial como hilo conductor. Uno que reconoce que una organización es un sistema adaptativo complejo y que la agilidad debe ser responsabilidad de todos. Es decir, ¡una organización es tan ágil como su división menos ágil! y eso probablemente ya no sea solo responsabilidad de las áreas de Tecnología. (BAI, 2023)

En este contexto algunos de los beneficios más importantes de la agilidad llevada a toda la organización son los siguientes:

- Permite poner el foco en las personas, fomentando la responsabilidad, la colaboración, la autonomía y la transparencia.

- Facilita la priorización y la toma consciente de decisiones.

- Asegura la entrega de valor de manera oportuna, lo que redunda en una mejor respuesta frente a los cambios y una mayor eficiencia.

- Promueve la cercanía con el cliente interno y externo, mejorando su experiencia constantemente.

Uno de los estudios más importantes sobre el estado del arte en agilidad a nivel mundial es sin dudas el *State of Agile Report*. Este prestigioso informe detalla las tendencias y los desafíos más importantes en la adopción y práctica de la agilidad, identificados por más de 1300 encuestados de todo el mundo.

Ya en su decimoquinta edición publicada en 2021, los creadores del informe destacan que, por primera vez, la agilidad estaría empezando a llegar a ser "mainstream" (corriente principal) dentro del mundo de las empresas.

Esta popularización o generalización del fenómeno ágil vendría impulsada en parte por una fuerza laboral global cada vez más distribuida, efecto de la pandemia del COVID-19.

Según el mismo reporte se estaría verificando un aumento explosivo en la adopción de *agile* en todas las funciones de la empresa.

En palabras de sus creadores: "Desde el primer informe elaborado hace 15 años hemos visto un aumento constante en el número de organizaciones que adoptan prácticas y procesos ágiles, tanto dentro del desarrollo de software como en otras áreas tales como Finanzas, Recursos Humanos y Marketing" (tomado del 15th Annual State of Agile Report disponible en https://digital.ai/).

Beneficios para la comunicación organizacional

Sin dudas la agilidad puede aportar mucho a la comunicación en las organizaciones. Por un lado, ayudándonos como comunicadores a mantener siempre el foco en el cliente (interno o externo), apuntando todas nuestras acciones a la suma frecuente e incremental de valor.

Iterando en ciclos de mejora continua, fallando pronto y aprendiendo junto a nuestro cliente, potenciaremos la propuesta de valor, así como la coordinación y la colaboración tanto dentro de nuestro propio equipo como con el cliente y otros equipos y áreas. Además, fomentando orgánicamente las redes de colaboración dentro de la organización.

En tiempos en los que cada vez más personas están descubriendo el poder de la cocreación en sus organizaciones, nos encontramos con que las metodologías ágiles ya la traían incluida desde su génesis.

Basta con revisar los valores y principios del Manifiesto Ágil firmado en 2001 para detectar este gen colaborativo en el ADN de la agilidad.

También volviendo a los líderes más permeables a la innovación, la experimentación, la gestión del cambio y la transformación cultural.

Otro ejemplo de cómo la comunicación puede (y debe) sumar a la agilidad es el aporte concreto que puede realizar en cuanto a la transparencia como valor organizacional, así como en la celebración de los logros de la transformación.

Estamos hablando de dos pilares importantes en la gestación de toda cultura ágil y que muchas veces son soslayados, quizá por falta de conocimiento técnico comunicacional específico entre los responsables de la organización.

Finalmente, motivándonos a incorporar nuevas formas de trabajo, nuevos métodos, estudiando, practicando y, sobre todo, entrenando duro para mantener nuestras prácticas al día (¡o incluso unos pasos adelante!) más que adaptándonos reactivamente a los cambios del entorno.

Todo esto nos permitirá ser parte activa de la evolución constante de un mundo en permanente versión beta.

Solo a modo ilustrativo, presentamos a continuación un esquema interesante para comenzar a repensar el rol del área de Comunicación a partir de la agilidad.

Triple rol de la comunicación en la transformación ágil

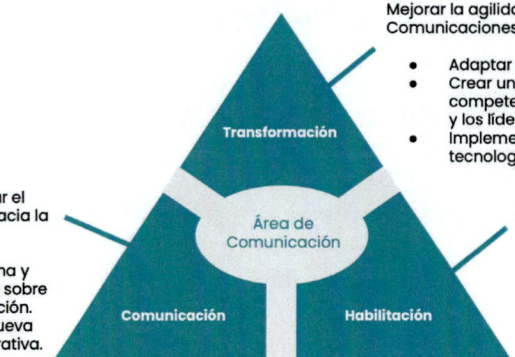

Mejorar la agilidad dentro del Departamento de Comunicaciones:

- Adaptar estructuras y procesos.
- Crear una nueva mentalidad y nuevas competencias entre los colaboradores y los líderes.
- Implementar nuevas herramientas y tecnologías

Comunicar y potenciar el cambio corporativo hacia la agilidad:

- Informar interna y externamente sobre la transformación.
- Apoyar una nueva cultura corporativa.
- Gestionar las percepciones y las relaciones con los stakeholders.

Permitir que otras funciones o unidades de negocio sean más ágiles:

- Asesorar y entrenar en la implementación de estructuras, procesos y herramientas ágiles.
- Gestionar el conocimiento y compartir experiencias sobre agilidad.
- Proporcionar herramientas y plataformas digitales.

Fuente: https://www.akademische-gesellschaft.com/

Hacia una polinización cruzada

Mientras la agilidad crecía, la comunicación organizacional también ha ido expandiendo sus horizontes en las últimas décadas.

Y lo que empezó como un resabio del periodismo y las relaciones públicas, hoy cubre una amplia variedad de especialidades y aspectos, impensables en la segunda mitad del siglo XX, cuando se consolidaba formalmente como disciplina.

Sin embargo, a diferencia de lo que sucedió en el mundo de la agilidad donde sobran ejemplos de experiencias comunitarias autoorganizadas, en general el mundo de las comunicaciones ha estado signado más por el oportunismo comercial y el vedetismo que por genuinas comunidades horizontales de práctica.

Si bien existen honrosas excepciones, este fenómeno terminó calando hondo entre comunicadores y comunicadoras bajo un esquema de líderes "influencers" y un séquito más o menos grande de seguidores.

Pero ojo que tampoco todo es color de rosa entre los agilistas, para nada. También existen en el mundo de la agilidad actitudes sectarias, cuestiones comerciales y de egos.

Sin embargo, miles de miembros de la comunidad ágil han sabido comprobar y enseñar el valor que aportan esta nueva mentalidad y sus formas de trabajo asociadas en empresas de todo el mundo, al tiempo que se las arreglaron para compartir sus aprendizajes en comunidades de práctica autoorganizadas más o menos estables.

Por otro lado, si hablamos de comunicación en agilidad pronto veremos las varias dificultades que los agilistas encuentran a la hora de comunicar y comunicarse, especialmente cuando quieren escalar la comunicación más allá del preciado microclima de las células o las tribus (conjunto de células).

Y esto tiene una razón de ser bastante simple: en general los agilistas no saben de comunicación porque en su mayoría provienen de áreas vinculadas al desarrollo de software. Más bien su expertise pasa por otro lado y no necesariamente por el dominio de habilidades sociales.

Precisamente, otro beneficio colateral esperado de este libro es comenzar a generar una suerte de polinización cruzada entre comunicadores y agilistas, donde unos aprendan de otros, o al menos conversen más.

Nos inspira aquí el argumento de C.P. Snow, quien en su libro *Las dos culturas* (1964), estudia la creciente brecha que se venía profundizando a mediados del siglo XX entre científicos y literatos. Haciendo un paralelismo, para nosotros el camino hacia lo que Snow llama la "sabiduría" está, en este caso, entre los mundos de comunicadores y agilistas.

Porque, en el fondo, la comunicación y la agilidad comparten un mismo propósito: *personas plenas e inspiradas, emocionalmente inteligentes y psicológicamente seguras, cuando están bien comunicadas y coordinadas, colaboran y mejoran todo, todo el tiempo.*

Preguntas para trabajar

¿Conoces las comunidades ágiles de tu país? ¿En qué comunidades de práctica de comunicación participas? ¿En cuáles te gustaría participar? ¿Por qué no averiguas si es que hay encuentros, seminarios o meetups en los que puedas participar? ¿Cómo están organizadas y distribuidas las áreas de comunicación interna, externa, marketing, etc. de tu organización? ¿Qué necesitan para colaborar más y convertirse en una comunidad interna de

práctica? ¿Hay actualmente áreas en tu empresa que ya están trabajando con agilidad? ¿Conoces a los responsables? ¿Qué esperas para conocerlos, acercarte a ellos y empezar a sentir el "gustito" de la mentalidad y la transformación ágil en carne propia?

Capítulo II.
Talento, corazón y método

Es hora de no esperar más a que alguien venga a salvarnos. Es tiempo de aceptar que estamos en esto juntos, que todos tenemos una voz e ingeniárnosla para movilizar las mentes y los corazones de todos.
Margaret Wheatley

Con el objetivo de empezar a formalizar y sistematizar ciertos atributos clave del comunicador ágil, en este capítulo presentamos nuestro *framework* de competencias del rol.

Si bien no es el único momento en que abordamos estas competencias, sí nos parece importante integrar de una vez aspectos esenciales relativos al talento, el corazón y el método detrás de esta nueva figura en las organizaciones.

Creemos que la combinación de habilidades, competencias y conocimiento de estrategias ágiles permite a los profesionales de la comunicación enfrentar desafíos, adaptarse a nuevas situaciones y contribuir al éxito de programas e iniciativas de Comunicación Ágil de manera efectiva.

Partiendo de lo más general, digamos que al desarrollar un *mindset agile*, los comunicadores seremos capaces de convertirnos más en facilitadores de la comunicación orgánica que se da en las organizaciones y menos en "expertos" que se quedan con el preciado saber de la comunicación.

Es el momento de cambiar el paradigma obsoleto que alguna vez nos enseñaron en la universidad y por el cual creemos saber mucho sobre comunicación.

Esta mentalidad teoricista termina alejándonos de todo lo que la comunicación tiene para aprender en la práctica de los individuos y sus interacciones (parafraseando uno de los cuatro valores del Manifiesto Ágil).

La invitación es a tomar un lugar de *coach* o sherpa, que descentraliza, guía y facilita genuinamente el camino de los integrantes de la organización, acompañándolos para que coconstruyan su propia comunicación, en el marco de la cultura que desean fomentar y compartir.

Tal como indica Frederic Laloux (2014), durante miles de años las organizaciones humanas han mantenido un esquema jerárquico basado en el miedo a sus líderes.

Como era de esperar, la comunicación interna y otras disciplinas organizacionales crecieron bajo ese paradigma jerárquico, aportando a la consolidación de modelos de liderazgo basados en el comando y el control.

Hoy, en un mundo donde la innovación y la transformación digital pasaron de ser cuestiones deseables a ser inevitables, aparecen nuevas formas de trabajo y con ellas nuevas maneras de organizarnos, colaborar, liderar y comunicarnos.

En este contexto, el concepto mismo de liderazgo ha entrado en crisis. Los líderes no saben bien qué hacer en el nuevo mundo de las organizaciones millennials y centennials. Un mundo que cambió mientras ellos seguían apegados a comportamientos de héroes.

Básicamente un héroe es quien existe para "salvar" a otros. Todos los grandes relatos de la humanidad se han sostenido en este tipo de creencias mesiánicas. Es justamente con la caída de esos grandes relatos que aparece la posmodernidad y con ella la consolidación de la llamada Era del Conocimiento o "Modernidad Líquida" de la que habla Zygmunt Bauman (2002).

Sin embargo, como dicen Margaret Wheatley y Debbie Frieze, si queremos transformar sistemas complejos es necesario abandonar nuestra confianza ciega en el líder como héroe.

Por el contrario, los líderes anfitriones son aquellos que *"están convencidos de que las personas desean contribuir y que mucha gente ansía dar sentido y posibilidad a sus vidas y a su trabajo. Estos líderes son conscientes de que invitar a otros a participar en conversaciones significativas es la única forma de lograr soluciones de gran alcance para problemas complejos"* (Wheatley y Frieze, 2010).

Desde nuestro punto de vista, así como el liderazgo ha entrado en cuestión en este nuevo contexto, es preciso también poner en tela de juicio tanto a la comunicación como al rol del comunicador en las organizaciones.

Necesitamos menos héroes comunicadores y más anfitriones de la comunicación capaces de crear espacios que habiliten las conversaciones significativas que la organización necesita tener.

De esta manera, progresivamente iremos consolidando nuestra maestría y nuestro lugar como exploradores dentro de la organización, abriéndonos camino para navegar en las turbulentas aguas de la transformación.

Nuevas competencias del comunicador ágil

La langosta es un animal blando que vive dentro de un caparazón rígido, que no se expande. Entonces... ¿cómo hace para crecer? A medida que la langosta crece, ese caparazón se vuelve una prisión y al poco tiempo pasa a ser un lugar incómodo y doloroso donde se siente atrapada. Eso la lleva a esconderse bajo las rocas para protegerse de los predadores, desprenderse de su exoesqueleto y poco a poco producir uno nuevo. Este ciclo se repite una y otra vez hasta que el animal alcanza su tamaño óptimo.

Si la langosta fuera humana, al sentir quizá los primeros dolores asociados al constreñimiento iría al médico. Luego de examinarla, el doctor probablemente le prescribiría un analgésico. La langosta lo tomaría, se sentiría bien ¡y listo! Eso sí, de esa manera nunca crecería. Al sentirse cómoda, no tendría necesidad de cambiar de caparazón y se quedaría allí, confortable, manteniendo el *status quo*.

¿Qué puede enseñarnos la parábola de este crustáceo? En primer lugar, que todas las transformaciones son dolorosas. Siempre que implique un crecimiento, transformarse es abrirse a nuevas oportunidades, a lo nuevo y a lo incierto. Y no hay crecimiento que no implique una cuota de dolor.

Por ejemplo, en la adolescencia nuestro cuerpo nos informa que estamos creciendo a través de calambres y dolores de crecimiento. Además, si bien es cierto que los cambios traen cosas buenas, también traen pérdidas.

De partida, al enfrentarnos a cualquier cambio perdemos seguridad, confort y estabilidad. Pero también ganamos algo, lógicamente. Si no, ¿para qué cambiar?

La promesa de la ganancia es clave en cualquier proceso de transformación, así como enfocarse en ella para poder superar las adversidades que se nos presentan en el camino.

Por ejemplo, basta recordar la primera vez que nos echamos a caminar o a andar en bicicleta sin el apoyo de un adulto. En ese momento ganamos autonomía así como cierto sentido de superación y libertad, sentimientos que actuaron como recompensas.

Seguramente al principio la aventura nos costó algún que otro golpe. Sin embargo, con perseverancia logramos adquirir la capacidad de mantener el equilibrio en movimiento, competencia que con la práctica iterativa se nos fue haciendo habitual. Así, poco a poco fuimos incorporando una habilidad que al comienzo nos costaba y que incluso pudo habernos causado mucho miedo.

¿Recuerdas el momento preciso en que te lanzaste a andar sin ayuda por primera vez? ¡Qué bella sensación! Curiosamente, esa libertad y retribución asociada que viene de soltar y desprenderse actúa idénticamente como la piedra angular de todo nuestro desarrollo posterior, sea cual fuere el desafío que encaremos en la vida.

De hecho, la palabra desarrollo está compuesta por el prefijo *des-* (inversión de una acción) y el fonema *arrullo*, que viene de envolver o enrollar. Por eso desarrollar una habilidad nueva implica de alguna forma "des-arrullar", es decir, dejar de cobijarnos, saliendo de la zona de confort para desenvolvernos. Para crecer, entonces, debemos desprendernos de un pedazo de nuestro propio ser. Y eso siempre duele.

De ahí que nos guste decir que la transformación es como el número 111: porque empieza por 1, sigue por 1 y continúa por 1.

Ahora bien, los viajes de transformación suelen ser difíciles, en especial cuando no se cuenta con una buena hoja de ruta. Por eso, inspirados en el modelo del Agile Coach propuesto por Lyssa Adkins y Michael Spayd (2011), hemos elaborado el siguiente *framework* de competencias del comunicador ágil.

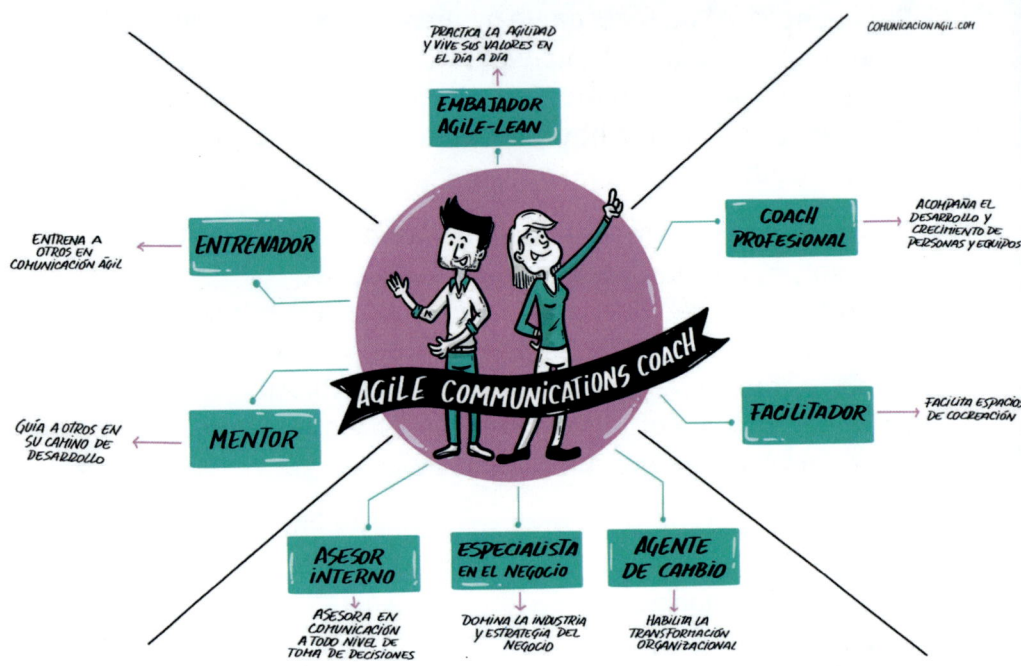

¿Esto quiere decir que un *Agile Communications Coach* debe manejar al dedillo todas estas competencias para poder desempeñarse como tal? No, aunque en nuestra opinión sí es recomendable que domine al menos una competencia por cuadrante, pudiendo complementar las suyas con las del resto de los miembros del equipo, apoyándose e incluso entrenándose mutuamente si fuera posible.

Este marco es uno de varios posibles. Seguramente el rol seguirá creciendo, incorporando nuevas competencias o sombreros como nos gusta decir coloquialmente siguiendo la metáfora de los "sombreros para pensar" introducida por Edward de Bono en su libro *Seis sombreros para pensar* (1988). De esta manera, cada sombrero nos ofrece una alternativa posible diferente para interpretar una misma situación con otros ojos.

En todo caso, creemos que lo más importante en este punto es haber podido explicitar y formalizar por primera vez (que tengamos noticia) las competencias que hacen al rol del comunicador ágil.

Con la puesta en práctica de estas competencias a través de los años, hemos comprobado cómo se nos abre un mundo de posibilidades para explorar y explotar.

Así, todo comunicador que quiera ser protagonista de cualquier transformación organizacional ágil cuenta, a partir de ahora, con lineamientos claros para orientar su desarrollo y el consecuente entrenamiento de nuevas habilidades.

¿Y qué comportamientos se esperan del comunicador ágil en cada una de las competencias del *framework*? Veámoslo en detalle a continuación.

El comunicador como embajador *agile-lean*

Sé tú mismo el cambio que quieres ver en el mundo.
Mahatma Gandhi

Junto con la consistencia y la constancia, la coherencia es uno de los valores más importantes que todo comunicador ágil debe seguir, ya que la revolución bien entendida empieza por casa.

De esta manera nuestro *Agile Communications Coach* desarrolla y mejora continuamente un conocimiento profundo y crítico de los marcos ágiles y los principios *lean*. Este es el tipo de conocimiento que puede dar una respuesta sólida y respetada cuando los líderes y equipos lo desafían, cuestionan o resisten los cambios que propone.

Por eso practica y predica (en ese orden) la agilidad y la filosofía *lean* en su día a día. Inspira y contagia la agilidad, empezando por sus propios comportamientos, hábitos y formas de trabajo, tanto individuales como con su equipo y su área.

La filosofía *lean* (en inglés "magro") es un enfoque empresarial originado en Japón, centrado en crear valor para los clientes mediante la eliminación de ideas y conceptos preconcebidos.

Esta forma de gestión está basada en las prácticas del Toyota Production System (TPS) que enfatiza la eliminación de desperdicios dentro de un proceso. Muy sintetizado, el núcleo de esta filosofía implica el principio de que el gasto de recursos para cualquier objetivo que no sea la creación de valor es un desperdicio y, por lo tanto, debe ser eliminado.

Dentro de las metodologías *lean*, el término "valor" describe la acción o el proceso por el que paga el cliente. Una definición más simplificada de *lean* podría ser "centrarse en reducir el trabajo mientras se aumenta el valor".

Si queremos lograr resultados valiosos, los comunicadores necesitamos "hacer" menos cosas y empezar a "pensarlas" un poco más. Como dice Edward De Bono (1988): "Pensar no es una excusa para no hacer, sino un modo de hacer las cosas mejor".

El motivo principal es impulsar los procesos de trabajo mediante la eliminación de esfuerzos inútiles; de ahí la idea de lo magro como aquello que no tiene grasa o desperdicio.

Precisamente, uno de los dolores más profundos que aquejan a comunicadores y comunicadoras organizacionales de todo el mundo es su gran carga de trabajo. En parte, esto puede atribuirse a la necesidad táctica de comunicar (o mejor dicho de emitir) una multiplicidad de mensajes a toda la organización cada día.

Y acá viene bien mencionar la distinción entre *output* y *outcome*. ¿La conoces? Aunque suenan parecido, se trata de dos términos relacionados pero distintos, los cuales se utilizan en diferentes contextos para describir los resultados de nuestras acciones.

En principio, *output* se refiere a los productos, resultados o productos intermedios que se generan a consecuencia de un proceso o actividad específica. Es una medida cuantitativa de lo que se produce o se logra.

Por ejemplo, en el contexto de un programa educativo, el número de cuadernillos producidos podría ser considerado como el *output* de la producción del programa.

Por otra parte, *outcome* se refiere al resultado final o efecto de un proceso o actividad en relación con los objetivos y metas establecidos. Es una medida cualitativa o cuantitativa de los impactos realmente alcanzados.

Siguiendo con el ejemplo anterior, el nivel de conocimientos prácticos aplicados por los estudiantes a partir de lo aprendido durante el programa podría ser considerado como un *outcome* del mismo.

En resumen, la diferencia principal entre *output* y *outcome* radica en el enfoque cuantitativo o cualitativo de los resultados. Mientras que *output* se refiere a lo que se produce o logra de manera cuantitativa (más allá del impacto real verificable), el *outcome* se refiere al efecto medible en términos de impacto logrado, siempre en relación con los objetivos establecidos.

Tal como señalamos en uno de los principios de nuestro Manifiesto que revisaremos más adelante, es muy importante cuestionarnos el por qué y el para qué de lo que hacemos. Por ejemplo: ¿está mal enviar correos electrónicos informativos a los colaboradores? Desde luego que no. El punto es dosificar la cantidad que enviamos y hacerlo siempre llevando a consciencia el impacto que queremos lograr y, desde luego, ser capaces de medirlo.

¿Cómo? Bueno, existen muchas maneras diferentes de medir el impacto de nuestras acciones de comunicación. Ahora bien, si nos conformamos con levantar únicamente métricas de *output* tales como la cantidad de correos electrónicos enviados o incluso las tasas de apertura o de lectura de esos mismos mensajes, seguro estaremos perdiendo fuerza en términos del *outcome* o impacto deseado.

Trabajar con metodologías *"agile* friendly" como la de Objetivos y Resultados Clave (OKRs por sus siglas en inglés), permite mantener críticamente el foco en el impacto de nuestras acciones a medida que las vamos estructurando alrededor de resultados clave medibles (Doerr, 2019).

De esta manera, por ejemplo, podremos diseñar campañas comunicacionales mucho más efectivas y transformadoras.

Sinérgicamente, esto también ayudará a elevar nuestro propio rol dentro de la organización, toda vez que estaremos comprometiéndonos con objetivos desafiantes (cualitativos) medibles a través de resultados clave (cuantitativos) en un camino transparente de mejora continua.

Claro que para eso necesitamos estar inspirados y convencidos del papel estratégico que tiene la comunicación en las organizaciones del siglo XXI. Contagiar el cambio implica estar más inspirados que nunca ya que nadie le cree a un inspirador que no está inspirado él mismo, que no vive la transformación y la agilidad en su día a día.

Por lo tanto, como se dice habitualmente en varios deportes, necesitamos parar la pelota y repensar el valor que como embajadores del pensamiento *agile-lean* estamos entregando a nuestra organización.

El comunicador como entrenador

La enseñanza sólo ocurre cuando se produce el aprendizaje.
Kenneth Bain

Al hablar de esta competencia, bien podría aplicar aquí aquel antiguo proverbio que reza: "Dale a un hombre un pez y lo alimentarás un día. Enséñale a pescar y lo alimentarás toda la vida".

Una vez más aparece por acá el espíritu del comunicador como un líder servicial que comprende que, ante todo, liderar es liberar.

Entrenando a otros, incluso la liberación que ocurre se da por partida doble. Por un lado, las personas de la organización liberan todo su potencial gracias al entrenamiento que el comunicador brinda. Por el otro, es el propio comunicador quien se libera a sí mismo de la carga que implica una excesiva centralización de la comunicación, habilitando a otros a que cocreen sus propias formas de comunicación.

Por consiguiente, en su rol de entrenador, el comunicador cuenta con la capacidad (y disfruta poniéndola en práctica) de entrenar a otros para que sean tan buenos comunicadores organizacionales ágiles como él. O aún mejores.

Esto incluye (pero no se limita) a los líderes, quienes con su apoyo serán también embajadores de la nueva mentalidad en cada rincón de la organización.

En el marco de nuestra propuesta este entrenamiento contempla, además, una forma específica de desarrollar comunicación en la organización. Se trata de una manera diferente de entenderla y practicarla para que sea ágil, efectiva, liviana, resiliente y descentralizada.

Pero para que este nuevo paradigma sea posible, resulta imprescindible entrenar duro, así como apoyar a otros en su entrenamiento.

El comunicador como coach personal y de equipos

El término "coach" viene del húngaro "kocsi", palabra que a partir del siglo XV se empieza a utilizar para designar a unos famosos carruajes de caballos fabricados en el antiguo pueblo de Kocs, a unos 70 kilómetros de Budapest. Luego el término se adaptó al alemán como "kutsche", al italiano como "cocchio" y al castellano como "coche".

Ya en el siglo XVIII el sistema universitario inglés adopta progresivamente el vocablo para designar a los entrenadores tanto académicos como deportivos, inspirándose en la metáfora del "coach" como responsable de ayudar a "transportar" a personas del lugar donde se encuentran hasta donde quieren estar.

De esta manera, el coach sería quien acompaña el proceso de desplazamiento del "coachee" (o cliente) en su camino de descubrimiento.

Así como un coach ágil brinda apoyo a miembros de la organización para que adopten y mejoren prácticas ágiles, similarmente nosotros desafiamos a los comunicadores a acompañar el desarrollo y crecimiento de personas y equipos en su camino de descubrimiento hacia la agilidad empresarial y la Comunicación Ágil.

¿Y cómo lo hace? Si bien un buen coach debe saber cómo brindar entrenamientos y capacitaciones, su aporte principal no pasa (o no debería pasar) por el entrenamiento.

Tampoco en el hecho de guiar a otros, aconsejándolos y compartiéndoles su propia experiencia, tal como lo hace un mentor con su *mentee*.

Por el contrario, el coach apoya a personas y equipos ofreciéndoles un tipo de acompañamiento basado en la indagación y las preguntas poderosas.

Más específicamente, de acuerdo con la definición ofrecida por la International Coaching Federation (ICF) "un coach es un profesional con formación específica en coaching, que a través de un proceso de acompañamiento reflexivo y creativo con sus clientes, les inspira a maximizar su potencial personal y/o profesional".

Sin entrar en mucho detalle, diremos que en la actualidad existen muchos tipos diferentes de coaching. Y (por suerte) cada vez son más los comunicadores que se animan a complementar sus habilidades tomando formaciones y certificaciones en coaching ontológico, ágil y/o de negocios, por nombrar sólo los más conocidos.

Desarrollando esta competencia, por ejemplo, el comunicador podrá acompañar mejor a los líderes de su organización a que potencien sus capacidades comunicacionales.

Y es que sabemos que cuando un líder no comunica bien, esto puede estar ocurriendo por —al menos— tres razones: A) No sabe cómo hacerlo, B) No puede hacerlo o C) No quiere hacerlo.

A veces se da una combinación de estos factores e incluso uno puede aparecer cubriendo a otro. Por caso, ¿cuántas veces hemos visto a un jefe que no se comunica bien con su equipo y luego de indagar un poco descubrimos que en realidad, quizá por orgullo, no era capaz de reconocer que simplemente no sabía cómo hacerlo?

Está en nosotros como asesores (internos o externos, es igual) actuar como coaches y guiar a estos líderes a descubrir dónde está su brecha para que puedan empezar a trabajar en ella. Porque, como dice Fred Kofman, "sin brecha no hay coaching".

Por eso resulta imprescindible acompañar a los líderes, brindándoles el apoyo y las herramientas que los ayuden a empoderarse, haciendo que pasen de no saber, no querer o no poder comunicar, a tomar el tema como prioridad.

Tal como nos enseñó hace ya tiempo Manuel Tessi (2012), para ello debemos empezar "primero adentro y primero arriba", de manera que sea el CEO el primero en hacerse cargo de sus propias brechas en términos de comunicación y agilidad en este caso, para poder trabajarlas, liderando siempre con el ejemplo.

En este sentido, no hay mensaje más fuerte que una acción concreta. Por ejemplo, si el CEO cambia su actitud y de pronto empieza a escuchar el doble de lo que habla, deja atrás ciertas actitudes soberbias y va sustituyendo las afirmaciones categóricas por preguntas genuinas a sus reportes, el mensaje que va a estar enviando primero será desconcertante, claro, pero luego se volverá claro como el agua.

Así ya no harán falta los discursos llenos de buenas intenciones que le suelen preparar sus asesores comunicacionales. Eventualmente, el gran equipo de la compañía logrará ir acortando distancias entre líneas, volviéndose más compacto y efectivo. Estaremos en presencia del triunfo de la nueva comunicación orgánica (no forzada) y ágil sobre la comunicación espectacular.

Después de todo, la comunicación en las organizaciones es tan vital como la sangre para cualquier animal. Como veremos más adelante, al ser líquida, magmática y descentralizada por definición, la comunicación es como el agua y siempre termina encontrando su lugar por donde abrirse paso, la gestionemos o no, seamos o no conscientes de ello.

El comunicador como mentor

En general, en el mundo corporativo, el mentoring y el coaching tienden a ser homologados y confundidos como si fueran prácticamente lo mismo. Sin embargo, existen diferencias importantes entre estas dos competencias.

Para empezar, a diferencia del coach, el mentor guía a otros en su camino de desarrollo compartiendo abiertamente su propia experiencia con generosidad.

En palabras de Lyssa Adkins (2010): "Mientras que el coaching ayuda a mejorar el rendimiento del equipo, el mentoring consiste en transferir conocimientos y experiencias ágiles al equipo a medida que se vuelven relevantes para ellos. Ambas partes de la ecuación se combinan para ayudar a que la agilidad cobre vida para el equipo".

Así, un buen mentor debería ser una persona con amplia experiencia y conocimiento en el área en la que su *mentee* quiere mejorar. Éste es su mayor capital. Y al ser transmitido a la persona mentoreada estará ayudándola, guiándola y aconsejándola en su crecimiento profesional.

Como vimos antes, la diferencia fundamental entre un coach y un mentor es que este último ya ha vivido la experiencia de conseguir la meta que el *mentee* quiere lograr, mientras que en el caso del coach esto simplemente no es un tema relevante, ya que todo el foco está puesto en el *coachee*.

Siguiendo la propuesta de Myles Downey (2003) podemos pensar en un espectro que va de "dar instrucciones" y "decir" a otros qué hacer (estilo directivo), hasta indagar, hacer preguntas, espejar dichos o comportamientos para generar consciencia. Un mentor se encontraría más cerca del principio del arco y un coach más cerca del final (estilo no directivo).

El comunicador como facilitador de grupos

La facilitación de grupos es quizá una de las competencias más importantes y al mismo tiempo más subestimadas del nuevo comunicador.

Tal como protestó uno de los participantes de nuestro curso Metodologías Ágiles para Comunicadores mientras presentábamos esta competencia: "Sí, pero la comunicación es mucho más que facilitar sesiones".

¡Y es verdad! Por eso mismo hemos creado este *framework*, a fin de integrar y visualizar todo el espectro de capacidades y habilidades que contempla el rol del comunicador ágil en particular, así como el de la comunicación en las organizaciones en general.

Pero ¿qué hace un facilitador? Un facilitador es un profesional que guía el proceso de un grupo en la búsqueda de un objetivo común. El trabajo del facilitador es ayudar a todos a pensar lo mejor que puedan. Para hacer esto, el facilitador fomenta la participación total y promueve el entendimiento mutuo, cultivando la responsabilidad compartida (Kaner, 2007).

Entonces, el comunicador-facilitador diseña y facilita espacios de cocreación procurando dejar de lado sus propios intereses.

Según la definición brindada por la Agile Alliance: "Un facilitador es una persona que elige o se le da el rol explícito de conducir una reunión. Este rol generalmente implica que el facilitador participará poco en las discusiones sobre el tema de la reunión, pero se enfocará principalmente en crear las condiciones para procesos grupales efectivos, en la búsqueda de los objetivos para los cuales la reunión fue convocada".

La facilitación es una especialización propia, cuyos detalles van mucho más allá de las prácticas ágiles. Para más información, te invitamos a visitar los sitios web de la Agile Alliance https://www.agilealliance.org/ y de la Asociación Internacional de Facilitadores https://www.iaf-world.org/site/.

De ahí que el comunicador-facilitador debe ser capaz de llevar adelante sesiones con objetivos muy variados, más allá de las necesidades estrictamente "comunicacionales".

Esta vocación por la facilitación ágil de grupos le permitirá ir ganándose poco a poco el respeto y la valoración de personas de todas las áreas y jerarquías de la organización, posicionándose como un referente interno en la materia.

Pero el tema no se agota aquí. Más adelante, cuando abordemos los valores sobre inteligencia colectiva y facilitadores comprometidos del Manifiesto de la Comunicación Ágil, encontrarás más detalles y hallazgos sobre este "superpoder" de la facilitación ¡*Stay tuned*!

El comunicador como asesor interno

Bajo este rol, el comunicador-asesor interno es capaz de brindar soporte transversalmente, anticipándose a las necesidades comunicacionales de las distintas áreas de la organización.

Podemos decir que asesora en comunicación y agilidad a todo nivel dentro de la organización. Al posicionarse como un referente interno en la materia, es convocado asiduamente por líderes formales e informales para ofrecer su consejo, actuando como una suerte de consultor interno.

De igual manera, entrega apoyo estratégico diagnosticando y ofreciendo asesoramiento profesional desde una visión interna de la compañía, sin perder nunca de vista "el estado del arte" en agilidad y comunicación en el mercado.

Un punto importante a tener en cuenta aquí es que un asesor siempre valdrá más por su pensamiento estratégico y por su capacidad de desafiar a los líderes, que por meter automáticamente las manos en la masa.

Y es que su aporte de valor reside justamente allí y no necesariamente en pasar pronto a la acción, como sí se espera quizá de perfiles más junior. En este sentido, trabajar en la propia templanza es clave. A la luz de nuestra experiencia, a veces una actitud quizá mal entendida como "proactiva" puede llegar a condicionar nuestras posibilidades.

En el camino para posicionarnos como asesores validados necesitamos poder contagiar serenidad en nuestro entorno. Por el contrario, por ejemplo, si vivimos alarmados reaccionando ante cada pedido o preocupación comunicacional del CEO y sus reportes, nuestro crecimiento posterior será mucho más difícil. Este punto se conecta con el tema del impacto y del *outcome* que comentamos antes: se trata quizá de "hacer menos cosas" y lograr más resultados.

Adicionalmente, el trabajo del comunicador como asesor interno puede complementarse perfectamente con el de los asesores externos, si ambos actúan con generosidad e inteligencia, siempre en favor de los objetivos estratégicos de la compañía.

Desde luego, todas estas relaciones estarán supeditadas a cuestiones de ego que habrá que ir afinando y puliendo. Así y todo no tiene por qué existir competencia entre ellos si son capaces de ver el *"greater good"* que tienen en común.

El comunicador como especialista en el negocio

¿Por qué un comunicador debería conocer el negocio de su empresa? A esta altura del desarrollo de la profesión del comunicador (sea o no *agile*) esta pregunta parece más un oxímoron que un verdadero interrogante.

La respuesta es obvia. Sin embargo, muchas veces se "perdona" a los comunicadores que no sepan "tanto" del negocio, especialmente cuando se trata de una industria o negocio complejos.

Esto puede ser comprensible sólo si acordamos que sea transitoriamente. Dicho con otras palabras: con el tiempo —y cuanto antes ocurra mejor— todo buen comunicador necesita conocer el negocio en el que se desenvuelve su organización.

En algunos casos puede ser que dentro del mismo equipo existan personas con más antigüedad en la empresa y, en consecuencia, con un conocimiento más profundo del negocio.

Esto puede ser de valor, especialmente si logramos que esas personas compartan su experiencia y conocimientos con el comunicador. Incluso hemos visto como resulta de gran valor que estos colaboradores más antiguos actúen como mentores de los noveles talentos que llegan al equipo de comunicación.

De todas maneras, como decíamos antes, más temprano que tarde el comunicador deberá ir logrando cada vez más dominio de la industria, así como la estrategia del negocio.

Esta maestría implica contar con cierta avidez y curiosidad para ir conociendo en profundidad el negocio del que forma parte la organización, enfocándose en aquello que signifique mayor valor e innovación para la industria de que se trate.

El comunicador como agente de cambio

¿Qué tiene que ver la comunicación con la gestión del cambio? La respuesta habitual dice que debe "apoyar los procesos de gestión del cambio enviando mensajes claros para que los involucrados entiendan de qué se trata la transformación".

¡Alto! ¿Y si dejamos de pensar en la comunicación como un acompañante? Ella no es el plato de entrada. Ni la guarnición del plato principal "transformación". ¡Y mucho menos el postre!

En un mundo en permanente cambio, la comunicación ya no puede sobrevivir como un agregado que se pueda practicar sin un *framework* iterativo, incremental y colaborativo que le permita, por ejemplo, planear, hacer, verificar y actuar.

No es casualidad que enumeremos aquí los pasos del Ciclo de Deming, modelo de gestión de la mejora continua protoágil originado a mediados del siglo XX en Estados Unidos y expandido luego en Japón.

El ciclo PDCA, que significa precisamente Planear, Hacer, Verificar y Actuar (en inglés: Plan, Do, Check, Act), permite mejorar procesos, productos y servicios de todo tipo. Históricamente se ha venido utilizando con éxito para optimizar la calidad y el rendimiento en una variedad de ámbitos, incluyendo negocios, manufactura, servicios y más.

Desarrollado por el estadounidense William Edwards Deming a partir de algunos descubrimientos anteriores realizados por el físico, ingeniero y estadístico estadounidense Walter A. Shewhart, el modelo se basa en la idea de que las organizaciones pueden mejorar constantemente sus procesos y resultados a través de un ciclo de cuatro pasos repetitivos.

A continuación, te explicamos brevemente las cuatro etapas del ciclo PDCA:

1. Planear (Plan): En esta fase, establecemos los objetivos y metas del proceso que se desea mejorar. Identificamos los problemas o áreas de mejora, desarrollamos planes y estrategias para abordar estos problemas, al tiempo que establecemos métricas y KPIs (Indicadores Clave de Rendimiento) para medir el progreso.

2. Hacer (Do): En esta etapa, implementamos los planes desarrollados en la fase anterior. Así, ejecutando los cambios o mejoras en el proceso según lo planeado, las acciones reales cobran vida poniendo en práctica las estrategias y soluciones previamente diseñadas.

3. Verificar (Check): Una vez que hemos implementado el plan, recopilamos datos y monitoreamos el rendimiento general del proceso. Luego comparamos los resultados con los indicadores establecidos en la fase de planificación para evaluar si se ha logrado o no la mejora deseada. Si ésta no se hubiera alcanzado identificamos las causas.

4. Actuar (Act): En esta última fase tomamos medidas basadas en la información recopilada durante la fase de verificación. Si se alcanzaron los objetivos procuraremos estandarizar los cambios exitosos en el proceso. Por el contrario, si los resultados no son satisfactorios, realizaremos ajustes en los planes y estrategias para la siguiente iteración del ciclo PDCA.

El enfoque cíclico del modelo PDCA fue uno de los primeros en expresar la mejora como *continuum* iterativo e incremental. Se trata de una visión fundacional, que décadas más tarde sería incorporada en decenas de marcos de trabajo, metodologías, métodos, herramientas y prácticas ágiles. En la actualidad, este espíritu de mejora continua en ciclos sucesivos de crecimiento es, sin dudas, uno de los pilares más importantes detrás de la mentalidad *agile*.

En este contexto de mejora continua, ¿qué roles y responsabilidades podemos empezar a asumir como comunicadores agentes de cambio? ¿Y si te decimos que la comunicación "es" el cambio? Sí, así como lo lees. Para eso necesitamos desaprender gran parte de lo aprendido ¿verdad?

Convéncete de una vez: tu rol como comunicador/a es mucho más que el de mantener informados a los colaboradores para que entiendan, acepten o adoren la transformación.

Más bien se trata de:

- Escuchar
- Facilitar

- Experimentar

- Cocrear

- Desafiar

- Guiar

- Coachear

- Entrenar

- Mentorear

- Indagar

- Inspirar

- Deleitar

- Movilizar

- Involucrar

- Habilitar

- Integrar

Y la lista continúa.

Seguramente te estarás preguntando por dónde comenzar. Bueno, recuerda el "111": te invitamos a iniciar por lo que tienes más cerca, es decir, tú mismo/a.

Para eso, a continuación te brindamos siete *hacks* o trucos de comportamientos a incorporar para que puedas comenzar a transformarte en un verdadero agente de cambio.

Lo que haces hoy	Lo que necesitas empezar a hacer
Difundir información	Generar conversaciones significativas
Responder preguntas desde un lugar del "saber"	Indagar sin juicios en las necesidades de los colaboradores
Planificar rígidamente el "año" y monitorear solo KPIs	Planear Objetivos (O) trimestrales o semestrales y revisar quincenalmente los Resultados Clave (KRs) asociados
Esperar aprobación de "más arriba" para todo	Diseñar y facilitar espacios para la toma colaborativa de decisiones
Monopolizar y homogeneizar las comunicaciones	Descentralizar y entrenar a todas las áreas para que desarrollen su propia comunicación
Ver a la organización como una pirámide estática	Interpretar a la organización como una red y un sistema vivo
Entramparte en la ilusión del falso perfeccionismo	Practicar la excelencia con autoempatía como un camino de mejora continua

Preguntas para trabajar

¿Cuánto de "héroe" y de "anfitrión" tiene tu trabajo como comunicador/a en la actualidad? ¿Cómo se vive la jerarquía en tu equipo de trabajo? ¿Y en tu organización? ¿Es la comunicación en tu organización solo una forma de "lavar imagen" de quienes detentan el poder? ¿Cómo entienden a la comunicación las personas más poderosas de tu organización? ¿Cuál creen que es tu misión como comunicador organizacional? ¿Lo has conversado con ellos? ¿Qué necesitas para hacerlo? ¿Cómo definirías tu relación con el status quo (histórica y actual, puede que no coincidan)? ¿Por qué motivos? ¿Los tienes identificados?

¿Qué tan efectiva es la comunicación sobre el cambio y cómo se ejecuta? Si es menos que ideal, ¿cómo mejorará la eficacia de la comunicación? ¿Has sacado a la superficie y abordado las preguntas y preocupaciones de aquellos a quienes se les pide que cambien? ¿Qué tácticas puedes utilizar para aumentar las conversaciones entre los defensores del cambio y los que se resisten al cambio? (Blanchard, 2016) ¿Qué habilidades del nuevo comunicador te llaman más la atención? ¿En cuáles te mueves con más frecuencia? ¿Y en cuáles te gustaría empezar a moverte?

Capítulo III.
Agile Manifesto

Abrazamos la documentación pero no cientos de páginas
de tomos nunca mantenidos y rara vez utilizados.
Planificamos pero reconocemos los límites de la
planificación en un entorno turbulento.
Jim Highsmith

Entre esquíes y conversaciones poderosas

Cuenta la historia que en febrero del año 2001 unos 17 inge-
nieros y desarrolladores de software se reunieron en Snow-
bird, un centro de esquí de Estados Unidos para hablar, es-
quiar, relajarse, tratar de encontrar puntos en común y por
supuesto para comer (Highsmith, 2001).

Lo que surgió fue el Manifiesto por el Desarrollo Ágil de
Software, firmado por todos los participantes. Se trataba de
un grupo de representantes de diferentes prácticas y técnicas tales como *Extreme Programming*, SCRUM, *DSDM, Adap-
tive Software Development, Crystal, Feature-Driven Development, Pragmatic Programming* entre otras.

Estos "anarquistas organizacionales", como ellos mismos
se han denominado con el tiempo, simpatizaban con la necesidad de generar una alternativa poderosa a los pesados
procesos de desarrollo de software basados mayormente en

la documentación, la estimación y los planes cerrados del modelo *waterfall*.

"Waterfall" (en español, cascada) se refiere a un modelo de desarrollo de software que se utiliza en la gestión de proyectos de tecnología de la información. Este enfoque se caracteriza por ser lineal y secuencial, lo que significa que las fases del proyecto se realizan en un orden predefinido y con poca o ninguna superposición entre ellas. Cada fase debe completarse antes de pasar a la siguiente, como si fueran escalones de agua que fluyen descendiendo por la ladera de una montaña (típicamente: requerimientos, análisis, diseño, codificación, testeo, implementación y mantenimiento).

Contrariamente, inspirados en modelos más cíclicos que lineales, los firmantes del Manifiesto Ágil proponen en la parte de los valores:

Estamos descubriendo formas mejores de desarrollar software tanto por nuestra propia experiencia como ayudando a terceros. A través de este trabajo hemos aprendido a valorar:

- **Individuos e interacciones** *sobre procesos y herramientas*

- **Software funcionando** *sobre documentación extensiva*

- **Colaboración con el cliente** *sobre negociación contractual*

- **Respuesta ante el cambio** *sobre seguir un plan*

Esto es, aunque valoramos los elementos de la derecha, valoramos más los de la izquierda.

En rigor, si bien al principio no fueron llamados así, como el documento firmado dice "A través de este trabajo hemos aprendido a valorar", con el tiempo se hizo costumbre hablar de "los valores" del Manifiesto Ágil. Este Manifiesto se completa con 12 principios que por cuestiones de espacio y foco preferimos dejar fuera de este libro. Sin embargo puedes encontrarlos en el mismo sitio del Manifiesto: https://agilemanifesto.org/

Individuos e interacciones
sobre procesos y herramientas

Este valor enfatiza la importancia de poner a las personas en el centro del proceso de desarrollo. Se trata de reconocer que el éxito de un proyecto depende en gran medida de la colaboración, la comunicación y el trabajo en equipo entre las personas involucradas. Si bien los procesos y herramientas son importantes, el valor más alto proviene de la creatividad, el compromiso y la colaboración de las personas.

Para ilustrar este valor nos gusta ofrecer el ejemplo del policía de tránsito y el semáforo. Imagina que vienes manejando tu auto por la calle y cuando llegas a la esquina el semáforo está en rojo. Sin embargo, un policía parado debajo del semáforo te hace señas enfáticamente para que continúes y avances de todas formas. ¿Qué debes hacer? Y la respuesta correcta es ¡Avanzar! ¿Por qué? Bueno, en primer lugar, porque si no lo haces estarías cometiendo una infracción de tránsito. Pero más importante aún para que el ejemplo haga sentido, simplemente porque el individuo (el policía) y su interacción (contigo) está por sobre el proceso y la herramienta (el semáforo rojo).

Software funcionando sobre documentación extensiva

Este valor prioriza la entrega de soluciones funcionales y utilizables sobre la generación excesiva de documentación detallada. Si bien la documentación es necesaria en cierta medida, el enfoque ágil prefiere que el esfuerzo se centre en crear soluciones reales y tangibles que los usuarios puedan experimentar y evaluar directamente.

El ejemplo que podemos citar para este valor viene de nuestra propia (dolorosa) experiencia. Hace unos años, mucho antes de comenzar a evolucionar nuestras prácticas de la mano de la agilidad, presentamos un ambicioso plan de comunicación interna y externa para una empresa de tecnología que realmente tenía muchos flancos comunicacionales descubiertos. El caso es que el documento final tenía tanto como 100 páginas. Sí, 100 páginas. ¿Cuál crees que fue el destino final de aquel plan? Adivinaste: algún viejo cajón.

Colaboración con el cliente
sobre negociación contractual

Este valor resalta la importancia de involucrar activamente al cliente o usuario final en el proceso de desarrollo. En lugar de depender únicamente de acuerdos contractuales previos, se enfatiza la colaboración continua con el cliente para comprender y abordar sus necesidades cambiantes a lo largo del proyecto. Esta colaboración permite ajustes y mejoras en tiempo real en lugar de estar atados estrictamente a los términos originales del contrato.

El ejemplo que podemos ofrecer en este valor es, en realidad, bastante común y atraviesa quizá todos los tipos de relaciones humanas. Como consultores, más de una vez nos ocurre que preferimos entregar un poco más de lo que estaba inicialmente pautado en el contrato con nuestro cliente. Y lo hacemos con la plena convicción de que si entregamos siempre un poco más, las cosas probablemente irán mejor para todos. No solo el cliente podrá recibir un beneficio extra, sino que también las chances de recompra serán más altas. En este sentido, la generosidad siempre paga.

Si lo piensas, lo mismo ocurre en ámbitos muy diferentes, en las relaciones laborales ¡e incluso hasta en las relaciones de familia, pareja o amistad! Si en un equipo de trabajo por ejemplo no hacemos más que señalar constantemente al resto de los integrantes sus faltas respecto de "aquello que habíamos acordado" (como si estuviera grabado en piedra) tarde o temprano la relación se desgastará.

Al estar signados de pronto más por el pasado que por una verdadera vocación constructiva a futuro, este tipo de lazos terminan siendo altamente tóxicos al punto de llegar a dañar el tejido profundo de la confianza entre las personas. No es casualidad que Daniel Coyle señale en su muy recomendable obra *El código cultural, los secretos de los equipos exitosos* (2018):

> Las señales de pertenencia (*belonging cues*) son comportamientos que crean una conexión segura en grupos. Estos comportamientos ayudan a señalar la energía, la individualización y la orientación futura y luego son traducidos como *aquí estás a salvo* por el cerebro (…) Estamos diseñados para requerir mucha señalización, una y otra vez. Es por eso que el sentido de pertenencia es fácil de destruir y difícil de construir.

En síntesis, para decirlo con nuestras palabras: confianza mata contrato (y viceversa).

Respuesta ante el cambio sobre seguir un plan

Este valor reconoce que en proyectos complejos, así como en entornos cambiantes, es esencial tener la flexibilidad suficiente para adaptarse a nuevas circunstancias y requisitos a medida que surgen. En lugar de aferrarse rígidamente a un plan inicial, se valora la capacidad de responder y ajustarse a los cambios de manera flexible. Esto permite que el proyecto evolucione de acuerdo con las necesidades emergentes y al aprendizaje acumulado, en ciclos de mejora continua.

El ejemplo en este caso también es bastante universal. ¿Cuántas historias de héroes que mueren "con las botas puestas" conoces? La idea de aferrarse a un plan puede ser tentadora, especialmente desde un *mindset* estructurado y fijo. Pensemos rápidamente en grandes barcos como el Titanic que, por no pivotar a tiempo, terminaron en el fondo del mar.

Como veremos un poco más adelante, en agilidad no es que no planifiquemos. Lo hacemos. Pero planificamos de manera continua. Aunque tengamos una visión inicial en una dirección, a medida que el tiempo avanza y las situaciones ocurren, las prioridades cambian y por eso estamos constantemente revisando y modificando lo planeado si es necesario.

Esa es en parte la razón para dividir el trabajo en ciclos o iteraciones como los *sprints*, que brindan las oportunidades de reflexionar y hacer retrospectivas. Así podemos ver cuál es el siguiente paso correcto y qué cambios direccionales debemos realizar. En general, el éxito siempre se determinará por lo bien que respondas al cambio, ya sea circunstancial o empírico.

En cualquier proyecto, a priori sabemos que la realidad de las circunstancias diferirá significativamente de nuestras expectativas iniciales. Y es que en el camino siempre aparecen desafíos o escollos que necesitamos sortear. Éstas serán oportunidades por así decirlo "reactivas" para adaptar nuestra estrategia inicial.

En cambio, la alternativa de los ciclos de retroalimentación continua (como el de Deming que vimos antes) proporcionan un enfoque empírico de aprendizaje para desarrollar y ampliar lo que consideras la próxima acción adecuada. En consecuencia, esto implica reevaluar, inspeccionar y adaptar de manera recurrente. Sin lugar a dudas estaremos siguiendo un plan, pero lo haremos a corto plazo, manteniendo la flexibilidad de manera que se pueda reajustar el rumbo de forma constante.

Mitos y verdades de la agilidad

Existen varios mitos relacionados con las metodologías ágiles. A continuación analizaremos algunos de ellos con el objeto de continuar comprendiendo qué es y qué no es la agilidad.

Mito 1: Ser ágiles es ser más rápidos

> *Debes ser sin forma como el agua. Cuando viertes agua en una taza se convierte en la taza. Cuando viertes agua en una botella se convierte en la botella. Cuando viertes agua en una tetera se convierte en la tetera. El agua puede gotear y puede golpear. Vuélvete como el agua amigo mío.*
>
> Bruce Lee

Es muy común en las empresas escuchar la frase "tenemos que ser más ágiles". Sin embargo, quienes la pronuncian rara vez saben bien de lo que están hablando, especialmente si es que se refieren a la necesidad de incorporar *agile* en sus organizaciones.

Cuentan que, en sus orígenes, los firmantes del Manifiesto por el desarrollo Ágil de Software publicado en 2001 barajaron unas cuantas alternativas para bautizar a la criatura que, casi sin querer, estaban engendrando.

Finalmente se decidieron por *agile*, cuyo significado puede ser confuso si solo nos quedamos con la definición del diccionario, que reza: *Que se mueve con soltura y rapidez.*

Sin embargo, más que con velocidad, conviene asociar agilidad con flexibilidad, entendiendo por ésta la capacidad de adaptarnos a los cambios e incluso de provocarlos.

Por eso cuando escuchemos los cantos de sirena de nuestros CEOs hablando de la necesidad de tener una organización "más" ágil, un liderazgo "más" ágil, o incluso una comunicación "más" ágil, sospechemos.

¿Será que están utilizando el concepto como un equivalente de rapidez? ¿Será que solo están metiendo presión para hacernos actuar rápido y, por lo tanto, sin pensar demasiado? ¿Será que solo lo mencionan para seguir una tendencia o "moda" de la agilidad?

Esta distinción es esencial. Porque si bien con el tiempo los métodos ágiles nos pueden ayudar a acelerar las entregas de valor, al principio es probable que seamos más lentos.

¿Por qué? Porque necesitamos desaprender lo aprendido para reaprender y así empezar, poco a poco, a hacer las cosas de otra forma.

En realidad la propuesta *agile* es bastante simple, intuitiva y práctica. Si al principio abrazarla puede costar un poco más, es quizá porque nos hemos venido desacostumbrando a la belleza de lo simple.

Debajo de capas y capas de sedimento ha quedado sepultada aquella intuición primera que nos permitía colaborar y cocrear con simpleza y liviandad, por ejemplo, cuando éramos niños.

Acaso uno de los científicos que más ha estudiado este tema sea George Land, quien en su conferencia "The Failure Of Success" (2011) comparte descubrimientos sobre cómo funcionan los cerebros y distingue dos tipos de pensamiento: divergente (imaginación) y convergente (evaluación).

Land explica que en la escuela a menudo se nos enseña a utilizar ambos tipos de pensamiento al mismo tiempo, lo que puede frenar nuestra creatividad. Interesado en cómo fomentar la creatividad en grupos que necesitan resolver problemas complejos (como equipos de la NASA con los que ha trabajado), destaca la importancia de cultivar la imaginación, comparándola justamente con la mente de un niño preescolarizado de cinco años.

En este contexto, nosotros creemos que no es casualidad que la educación formal haya entrado en crisis en un mundo que ya cambió y seguirá cambiando de la mano de nuevas generaciones, mucho más conectadas con su propia sensibilidad y la de sus pares.

Por eso estamos convencidos de que la colaboración ya no es un imperativo moral. No colaboramos porque esté bien visto hacerlo o mal visto no hacerlo, sino porque somos conscientes de que juntos podemos lograr mucho más.

Como dice un antiguo refrán africano: "Si quieres llegar rápido, camina solo. Si quieres llegar lejos, camina con otros". Precisamente, a eso se refiere la palabra y la filosofía "Ubuntu", una regla ética sudafricana basada en la lealtad de las personas, que proviene de las lenguas zulú y xhosa y se traduce como "soy porque nosotros somos" o "soy porque somos".

En definitiva, la agilidad no es necesariamente "ser más rápidos" sino enfocarse en la entrega frecuente, incremental y colectiva de valor. Y para eso necesitamos ser más espontáneamente colaborativos, como cuando éramos niños y más adaptables, como el agua, de la cual venimos.

Mito 2: En agilidad no se planifica

Nunca hay tiempo para hacerlo bien,
pero siempre hay tiempo para hacerlo dos veces.
Haiku anónimo

Este es un mito muy difundido entre los "antiagilidad" y radica en una miopía esencial que establece que hay una única forma de planificar: la tradicional. Ergo, al no planificar del modo tradicional se asume que los agilistas no planificamos de ninguna forma.

Lo cierto es que la agilidad plantea otro tipo de planeación. Además de ser colaborativa, aspecto quizá más difundido hacia afuera del mundo *agile*, la planificación ágil contempla ciclos de mejora continua.

De esta manera, las personas se autoorganizan alrededor de objetivos que ellas mismas elaboran en conjunto. Pero además, toda planeación ágil contempla ciclos evolutivos de continua inspección, adaptación y mejora.

Si bien es cierto que en agilidad valoramos más la capacidad de respuesta y adaptación al cambio que el seguir un plan, esto no significa que no se planifique en absoluto. La diferencia radica en que la planificación ágil se enfoca en ciclos cortos y en la flexibilidad para ajustar y adaptar los planes a medida que se obtiene retroalimentación y se aprende durante el proceso.

En lugar de crear planes detallados a largo plazo que pueden volverse obsoletos debido a los cambios y la incertidumbre del contexto, utilizamos un tipo de proyección de futuro que es adaptable por diseño.

Para lograrlo dividimos el trabajo en pequeñas unidades, generalmente llamadas "iteraciones" o "sprints", que tienen una duración fija y se enfocan en entregar valor de manera incremental.

Durante cada iteración se define un objetivo claro y se establecen las tareas y actividades necesarias para lograrlo. Sin embargo, la planificación ágil reconoce que los detalles y requisitos pueden variar, por lo que se valora la capacidad de adaptarnos y responder efectivamente a esas variaciones.

Esto permite aprovechar nuevas oportunidades, aprender de la retroalimentación y ajustar la dirección del trabajo en función de los resultados obtenidos.

Mito 3: La agilidad sirve solo
para desarrollo de software

La prueba de lo contrario está frente a tus ojos: este libro. Este mito tiene que ver con que, en efecto, los primeros agilistas provenían del software, incluidos los 17 firmantes del Manifiesto por el Desarrollo Ágil de Software del 2001.

Sin embargo, con el tiempo el fenómeno *agile* se fue contagiando a otras áreas como el Marketing (Agile Marketing Manifesto) y la Gestión del Talento (Agile HR Manifesto). Algunos historiadores de la agilidad plantean estos movimientos telúricos en tres grandes "oleadas".

A partir de la firma del Manifiesto Ágil en 2001, cada ola representa una fase de desarrollo que ha repercutido en la evolución de la naturaleza del movimiento, al tiempo que éste va aumentando el alcance de su influencia.

Vale aclarar que si bien la publicación del Manifiesto Ágil ocurrida en 2001 es fundacional, la historia de la agilidad había empezado a insinuarse bastante tiempo antes. Por ejemplo, el modelo de desarrollo iterativo e incremental estuvo presente en la creación del X-15 Hypersonic Jet de la NASA en los años 50. Luego hay, al menos, dos hitos relevantes más en la prehistoria de la agilidad: la publicación del artículo "The New-New Product Development Game" de los japoneses Hirotaka Takeuchi e Ikujiro Nonaka en el Harvard Business Review (1986) y el artículo "SCRUM Development Process" más el workshop que brindaron Ken Schwaber y Jeff Sutherland en la conferencia OOPSLA (1995) donde describen por primera vez el término, sentando las bases para la posterior Guía de Scrum.

Según este esquema, una ola comienza cuando las personas empiezan a organizarse en torno a prácticas innovadoras para resolver un problema y, a medida que crece en magnitud, comienza a surgir una comunidad de práctica distinta.

Conforme esta comunidad avanza en la búsqueda de respuestas, las opiniones divergentes proliferan. Posteriormente, cuando la comunidad asimila las diferencias, las opiniones comienzan a converger.

Una vez que las prácticas se estabilizan y se logra cierto consenso sobre cómo utilizarlas para lograr buenos resultados consistentemente, la ola estará completa. Comienza entonces una nueva ola y el ciclo se repite cuando la comunidad de práctica cambia su atención a un nuevo problema.

A continuación se muestra una ilustración de las tres oleadas del movimiento ágil.

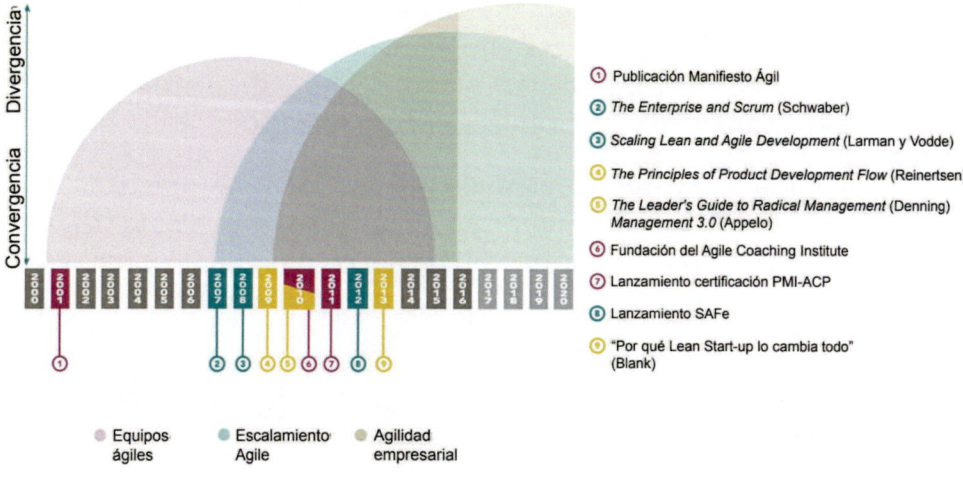

Fuente: "The Third Wave of Agile" por Charlie Rudd.

La primera ola comienza en 2001 con la firma del Manifiesto por el Desarrollo Ágil de Software. El foco de esta primera etapa estaba puesta en echar a andar pequeños equipos ágiles para producir mejor software.

Si bien al principio costó lograr convergencia en cuanto a las buenas prácticas esperables en los equipos, con el paso de los años se fue consolidando un acuerdo general al respecto.

El foco de la segunda ola estuvo puesto mayormente en consolidar lo logrado a nivel de equipos, al tiempo que se buscaba integrar y coordinar el trabajo entre diferentes células ágiles.

Si bien se mantiene la misma esencia que dio lugar al trabajo en equipos ágiles, el "escalar" la agilidad puede ser un proceso bien diferente.

Al igual que en otros sistemas humanos, lo que funciona bien para un grupo pequeño de personas no necesariamente se traduce correctamente en grupos más grandes.

Unos años después, el foco de la tercera ola (en la que continuamos) es transformar la manera en que organizamos, lideramos y administramos organizaciones cambiando a una mentalidad ágil. Para ello es necesario fomentar una cultura de aprendizaje organizacional, adoptando progresivamente prácticas ágiles en toda la organización.

A medida que cambiamos nuestra atención a las prácticas generales de gestión y liderazgo, el tema se amplía para incluir todos los dominios de trabajo del conocimiento y toda la organización.

Así es como se acuña y se va consolidando el concepto de agilidad empresarial o *Business Agility* que revisamos en el Capítulo I.

Este crecimiento de la agilidad en oleadas se fue dando de manera orgánica. A medida que la primera ola se desplegaba, iba empujando a que ocurriera la segunda y así sucesivamente.

Es precisamente a medida que la segunda ola crece que se produce una necesidad de comunicación extra, antes no visualizada quizá por los firmantes del Manifiesto, quienes se limitaron a hablar de comunicación en el entorno directo de los equipos de trabajo.

Surge entonces la necesidad de contar con una comunicación transversal ágil en las organizaciones, capaz de reinventarse sobre la marcha para estar a la altura de los nuevos desafíos. ¿Por qué? Porque si la comunicación no practica lo que predica en la organización está perdida.

El giro copernicano de la comunicación en las organizaciones queda planteado y los debates acerca de qué es la agilidad, cómo podemos subirnos a la transformación ágil para habilitarla en toda la compañía y cómo desafiamos y entrenamos a nuestros líderes para que sean fieles exponentes del cambio son solo algunas de las preguntas que nos irán ayudando a cambiar el foco y las maneras de hacer nuestro trabajo como comunicadores ágiles.

Preguntas para trabajar

¿Cómo resuenan tú y tu equipo con los valores del Manifiesto Agile? ¿Cuál te llama más la atención? ¿Cuál te parece más distante o difícil de llevar a la práctica en tu contexto actual? ¿Por qué? ¿Conocías estos mitos de la agilidad? ¿Habías escuchado o incluso repetido alguno de ellos? ¿Has visto a los líderes de tu organización actuar en contra de la mentalidad ágil diciendo una cosa y haciendo lo contrario? ¿Estás listo para dar el siguiente paso?

Capítulo IV.
Manifiesto de la Comunicación Ágil

Presta atención a las grietas porque por ahí entra la luz.
Leonard Cohen

El ritmo al que aprendes y progresas en el mundo depende
de cuán dispuesto estés a sopesar el mérito de las nuevas
ideas, incluso si instintivamente no te gustan. Quizás
especialmente si no te gustan.
Shane Parrish

Aprendiendo a soltar

Diferentes pueblos originarios alrededor del mundo han desarrollado una llamativa técnica para atrapar monos. Se trata de un ardid simple pero altamente efectivo.

La trampa consiste en disponer un coco o un tronco ahuecado atado a una estaca (Pirsig, 1974). El coco tiene algo de arroz o alguna fruta dentro, alimento que se puede tomar a través del pequeño agujero.

La mano vacía del mono entra por el orificio pero su puño cerrado conteniendo la fruta no puede volver a salir. De pronto, el mono se encuentra atrapado y es fácilmente capturado por los humanos.

Similarmente, muchas de las dificultades e impedimentos de los comunicadores en las organizaciones modernas son autolimitaciones bastante simples que bien podrían desaparecer si se atreven a soltar un poco.

Entre las barreras y pesares más comunes que hemos escuchado de boca de decenas de comunicadores que han pasado por nuestros cursos en los últimos años, destacan los siguientes:

- Falta de "poder" organizacional o jerarquía suficiente para establecer cambios significativos en su equipo, área o empresa.

- Falta de recursos económicos para implementar cambios efectivos.

- Falta de confianza de parte de sus superiores, lo que si bien no se limita solo a ellos, se manifiesta especialmente entre los perfiles más junior.

- Falta de tiempo por encontrarse "sobrepasados de trabajo".

¿Razones válidas? ¿Excusas conformistas? Por más tentados que estemos de desplegar aquí este debate que hemos venido sosteniendo con muchos comunicadores y comunicadoras, intentaremos no meternos allí por el momento.

En esta oportunidad elegimos ofrecer argumentos que consideramos sólidos, apoyándonos en resultados, métodos probados y experiencias concretas. Luego cada quien sacará sus propias conclusiones.

Mientras tanto, nos preguntamos y te invitamos a cuestionarte: ¿No será que estás atrapado como el mono? ¿Será que te cuesta soltar? ¿Y si en lugar de "hacer" tantas cosas orientas tus esfuerzos y los de tu equipo a la búsqueda de valor e impacto?

De nuevo, aquí es donde crecer puede hacernos doler un poco el ego. Tantos años invertidos en formarnos y desarrollar nuestra carrera en la organización como profesionales de la comunicación no pueden haber sido en vano ¿verdad?

En todo caso, no olvidemos cómo crece la langosta utilizando como punto de apoyo a la adversidad y a la incomodidad de un caparazón que, quizá, nos esté empezando a quedar chico.

Por eso es fundamental mantenernos alerta frente a los propios sesgos. En un mundo turbulento, caótico e impredecible como el que vivimos, quien asume que ya entendió todo está perdido. Como dice el escritor Martín Kohan: "El único que no entendió nada es el que cree que va a poder entenderlo todo".

Es justamente la actitud contraria, aquella del eterno aprendiz, la que nos abrirá al futuro de la comunicación en las organizaciones.

Necesitamos soltar para liberar todo nuestro potencial. El desafío: desaprender gran parte de lo aprendido para poder dejar venir lo nuevo.

Y lo nuevo es justamente un mundo que cambió y seguirá cambiando. Un mundo para el cual ninguna universidad podría prepararnos, al menos hasta que el sistema académico actualice su anquilosada propuesta curricular con más conocimiento empírico validado.

En este nuevo mundo, la transformación no es una línea de llegada sino un *mindset*, una mentalidad, un nuevo paradigma e incluso una nueva forma de vida.

La fuente del poder que necesitamos para cambiar la comunicación y la cultura en nuestras organizaciones está en nuestras manos. El camino es simple, pero no fácil.

Aunque muchas veces soslayada en el lenguaje común, esta distinción fundamental separa en dos ejes perpendiculares lo simple-complejo de lo fácil-difícil.

La transformación hacia la Comunicación Ágil empezando por nosotros mismos es una de esas cosas que son esencialmente simples, pero difíciles de llevar a la práctica. Como la trampa del mono.

Crónica de una confluencia

La idea de la Comunicación Ágil comenzó a gestarse allá por el año 2015 en un viaje de turismo a Europa. Fue justamente ahí, tan lejos de casa y de la rutina diaria que comenzamos a visualizar algo nuevo que podría surgir de la unión orgánica entre comunicación y agilidad.

Al provenir uno de la agilidad (Mara) y el otro de la comunicación (Lucas), el hallazgo de este nuevo territorio híbrido donde ambas vertientes confluyen, fue algo que vivimos de un modo bastante natural y progresivo.

A medida que conversábamos, fuimos comprendiendo que en un mundo en transformación constante como el que vivimos, una ya no puede ser completa ni efectiva sin la otra.

La agilidad sin un sentido claro, sin valores, propósito y una comunicación sólida no es viable a nivel de equipo y —mucho menos— escalable a toda la organización.

Por su parte, como señalamos anteriormente, la comunicación ya no puede sobrevivir como un "agregado" que se pueda practicar sin un marco de trabajo colaborativo que le permita inspeccionar sus procesos, adaptarlos y mejorarlos frecuentemente de forma iterativa e incremental.

Así fue como luego de compartir nuestras ideas en modo borrador con varios colegas, llegamos a la elaboración del primer *Manifiesto de la Comunicación Ágil*, presentado públicamente durante el Congreso Iberoamericano de Comunicación Interna (CONCIN) celebrado en Santiago de Chile en octubre de 2019.

Hemos creado nuestro Manifiesto con plena consciencia de que estamos frente a algo que, si bien no es completamente nuevo (¡nada lo es!), sí puede resultar novedoso y útil para todos aquellos profesionales y *amateurs* de la comunicación que no hayan tenido la oportunidad de sumergirse aún en el maravilloso mundo de las metodologías ágiles.

Inspirado entonces en el Manifiesto Ágil original, el nuestro se compone de seis "cosas que valoramos" (o valores) y siete principios que guían la práctica.

Un manifiesto no es un método ni una metodología ni un marco de trabajo. Tampoco es una receta mágica o un código de conducta. Funciona más bien como una hoja de ruta o *roadmap* que sirve como declaración de principios y guía para cualquier tribu o coalición humana que comparte un propósito común.

Se trata de una pieza única, fundacional en cualquier "causa" y cuyo objetivo es sintetizar aquellas convicciones fundamentales que nos representan y, ojalá, invite a otros a sumarse.

En este caso, al igual que el Manifiesto por el Desarrollo Ágil de Software, nos pareció interesante incluir no solo aspectos valóricos sino también ciertos principios rectores de la práctica diaria del comunicador ágil.

Algunos disclaimers para la lectura del Manifiesto

1. Si los valores y principios que estás por leer a continuación te provocan, te retan y te desafían, vamos bien.

2. Al realizar la interpretación del Manifiesto, te recomendamos especialmente dejar de lado palabras como: siempre, nunca, bien, mal, todo, nada.

3. Nuestro planteo es solo uno más, entre tantos. El cambio que buscamos inspirar depende probablemente en un 99% de tu actitud como agente de cambio.

4. En los valores sabemos que los elementos de la derecha "a veces son necesarios", especialmente en contextos de crisis. Sin embargo, estamos convencidos de que la nueva Comunicación Ágil se sostiene más en los de la izquierda. En todo caso, los elementos de la derecha debieran ser más la excepción que la regla.

5. Te invitamos de corazón a relajarte, abrir la mente y derribar paradigmas.

Valores de la Comunicación Ágil

Estamos descubriendo mejores formas de desarrollar la comunicación organizacional tanto por experiencia propia como ayudando a terceros a hacerlo.

A través de este trabajo, hemos llegado a valorar:

- **Inteligencia colectiva** sobre decisiones jerárquicas

- **Conversaciones significativas** sobre difusión de información

- **Experiencias vivas de planificación** sobre planes cerrados

- **Facilitadores comprometidos** sobre comunicadores estrella

- **Comunicación auténtica** sobre comunicación espectacular

- **Visión orgánica** sobre metáforas mecanicistas

Es decir, aunque los elementos de la derecha nos han ayudado a aprender, hoy valoramos más los de la izquierda.

Inteligencia colectiva sobre decisiones jerárquicas

En una red hay inteligencia colectiva. La multitud, con sus muchas conexiones entre los miembros, puede ser más inteligente y más innovadora que una autoridad central.
Hayagreeva Rao y Robert I. Sutton

Desde tiempos inmemoriales los humanos aprendimos a colaborar. Si bien esta capacidad de trabajar con otros no es un fenómeno privativo de los seres humanos, es definitivamente entre nosotros los *homo sapiens* que esta habilidad encontró su máximo desarrollo.

Tal como indica Yuval Harari (2014) los humanos, como los chimpancés, tenemos instintos sociales que permitieron a nuestros antepasados formar amistades y jerarquías, así como cazar y luchar juntos.

Sin embargo, estos instintos sociales estaban adaptados solo a grupos pequeños e íntimos. Cuando el conjunto se hacía demasiado grande superando los 150 miembros, su orden social se desestabilizaba y la banda se dividía.

A este curioso umbral también se lo conoce como el "número de Dunbar", en atribución al antropólogo Robin Dunbar (1992), quien expresó que la cantidad de personas que pueden relacionarse plenamente en un sistema determinado es de unos 150 individuos, dato que estaría relacionado con el tamaño de la neocorteza cerebral y su capacidad de proceso.

Harari entonces se pregunta ¿cómo consiguió el *homo sapiens* cruzar esta barrera crítica y fundar ciudades que contenían decenas de miles de habitantes e imperios que gobernaban a cientos de millones de personas?

El secreto, sostiene el historiador, fue seguramente la aparición de la ficción y agrega: "No hay dioses en el universo, no hay naciones, no hay dinero, ni derechos humanos, ni leyes, ni justicia fuera de la imaginación común de los seres humanos (Harari, 2014).

Muchos años antes que Harari, ya el filósofo y psicoanalista greco-francés Cornelius Castoriadis (1975) había llamado la atención acerca de este fenómeno bajo el concepto de la "Institución imaginaria de la sociedad".

Según Castoriadis, toda sociedad es creada imaginariamente, es decir que el ser humano crea para sí un mundo a través de un entramado de significaciones que el autor llama "magma".

Así, lo *imaginario social* establece ese "mundo" creando significaciones de él: lo que es y lo que no es una sociedad, lo que existe y lo que no, lo que puede ser y lo que puede valer en una época y colectividad determinadas.

Este imaginario social conforma las significaciones que dotan de identidad a una sociedad y establece las formas que le permiten cierta cohesión entre sus miembros.

Gracias a ese poder irrefrenable de la imaginación, así como a nuestra capacidad única de representación abstracta, los seres humanos somos capaces de alinear esfuerzos en pos de objetivos comunes, banderas, quimeras y utopías de todo tipo y color.

Llevándolo a un plano más táctico y general, podríamos decir que la inteligencia colectiva es el conjunto de conocimientos que surge de un grupo.

Cuando los individuos trabajan juntos, crean una inteligencia que no puede existir a nivel personal. Incluso, esto tiene cierto efecto sinérgico por el cual el todo es más que la suma de las partes.

Como comentamos antes tomando el trabajo de Meg Wheatley, los problemas complejos a los que nos enfrentamos como trabajadores del conocimiento ya no pueden ser "mejor resueltos" por un "líder" iluminado, como se creía antiguamente.

Tomar decisiones como grupo, obtener ideas de diferentes fuentes y motivar a las personas a través de la colaboración son componentes básicos de la inteligencia colectiva que necesitamos para sortear los desafíos de la transformación global que estamos viviendo.

En su libro *Guía del facilitador para la toma de decisiones participativas*, Sam Kaner (2007) asegura que los beneficios de la toma colaborativa de decisiones son múltiples. Sin embargo, sostiene, la promesa del pensamiento colectivo no siempre se materializa y muchas decisiones tomadas en grupo no son inclusivas ni reflexivas.

Según el autor, esto ocurre porque algunas personas emiten juicios de valor que matan la espontaneidad y disuaden a otros de decir lo que realmente piensan.

De manera que las ideas que se expresan de manera torpe o en términos tentativos a menudo se tratan como si fueran inferiores a las que se presentan con amplia elocuencia retórica. Además, paradójicamente se desaconsejan los esfuerzos por explorar las complejidades, en favor de juicios concisos y conclusiones firmes.

Hacer planes de acción (sin importar cuán poco realistas puedan ser) se llama "hacer algo" mientras que analizar las causas subyacentes de un problema es "irse por la tangente".

O como dice Laloux (2014): "Lamentablemente, las reuniones en las empresas tienden a convertirse en canchas de juego del ego y obligan a las almas a esconderse. A nadie le gusta perder una discusión en público ni ver descartado su punto de vista en una reunión con colegas. Para sentirse seguras, algunas personas buscan dominar los procedimientos y otras se retiran".

En síntesis: los valores convencionales no promueven el pensamiento efectivo en grupos. Sin embargo, la toma de decisiones grupales sigue siendo la mejor esperanza para resolver problemas complejos.

No hay sustituto para la sabiduría que resulta de una integración exitosa de puntos de vista divergentes. Esto permite que un grupo aproveche la gama completa de experiencia y habilidades que residen en su participación.

Para ello Kaner propone:

- Alentar a la gente a hablar

- Invitar a la diferencia, no temerla

- Esforzarnos para entendernos

Todo lo anterior significa operar desde valores participativos.

A continuación te dejamos un cuadro comparativo con comportamientos típicos de ambos tipos de grupos para que puedas identificarlos y empezar a trabajar en ellos.

GRUPOS CONVENCIONALES	GRUPOS PARTICIPATIVOS
Los pensadores más rápidos obtienen más tiempo de aire	Todos participan, no solo los pocos oradores de siempre
La gente se interrumpe regularmente	Las personas se dan espacio para pensar y expresarse
Las diferencias de opinión se tratan como un conflicto que debe ser sofocado o "resuelto"	Los puntos de vista opuestos pueden coexistir en la sala
Las preguntas se perciben como si la persona interrogada hubiera hecho algo mal	Las personas se ayudan a sacar las ideas refraseando con preguntas como ¿es esto lo que quieres decir?

La gente se dispersa dibujando o mirando el celular	Cada miembro se esfuerza por prestar atención a quien habla
Las personas tienen dificultades para escuchar porque están ocupadas ensayando lo que ellas quieren decir	Las personas escuchan las ideas de los demás porque saben que sus propias ideas también serán escuchadas
Algunos miembros permanecen callados ante asuntos complejos y nadie sabe realmente qué opinan	Cada miembro habla sobre todas las cuestiones y todos saben desde dónde habla cada uno
Las personas rara vez dan representaciones precisas sobre las opiniones de aquellos con los que no están de acuerdo	Los miembros pueden representar con precisión los puntos de vista de los demás, incluso cuando no están de acuerdo con ellos
Como no confían durante la reunión, las personas hablan por detrás después	Las personas se abstienen de hablar a espaldas unas de otras
Las personas con perspectivas minoritarias discordantes son comúnmente desalentadas a hablar	Se alienta a las personas a defender sus creencias, incluso ante la oposición de la persona "a cargo"
Un problema se considera resuelto cuando los pensadores más rápidos llegan a una respuesta	Un problema no se considera resuelto hasta que todos los afectados por la solución comprendan el razonamiento
Cuando las personas llegan a un acuerdo, se supone que todos piensan exactamente lo mismo	Cuando las personas llegan a un acuerdo, se supone que la decisión aún refleja una amplia gama de perspectivas

Fuente: *Facilitator's guide to participatory decision-making* (Kaner, 2007).

Conversaciones significativas
sobre difusión de información

> *Una gran conversación es una en la que te vas sintiéndote comprometido e inspirado, sientes que has hecho una conexión real o que te han entendido perfectamente. No hay ninguna razón por la que la mayoría de nuestras interacciones no puedan ser así.*
> Celeste Hadlee

Los comunicadores organizacionales hemos sido formados y entrenados para comunicar dentro, desde y para las organizaciones.

Sin embargo, pocas veces nos damos la oportunidad de mirar críticamente nuestro trabajo diario, el cual termina más asociado a la emisión de mensajes que a una comunicación colaborativa.

Ojo, ¿acaso está mal que difundamos información en nuestras organizaciones? No, claro que no. Pero esto es lo más básico que podemos hacer.

Nuestro Modelo VSM para la gestión de la demanda en comunicación que veremos más adelante contiene una pirámide de necesidades básicas de comunicación, en cuya base se encuentra la acción de Visibilizar (informar), completándose con los dos niveles superiores, Sensibilizar y Movilizar.

En la era del metaverso, los algoritmos y la inteligencia artificial, nos gusta pensar que desde el tiempo de los antiguos griegos a esta parte no se ha inventado mejor "tecnología" de comunicación que la conversación.

Aquí de nuevo el rol del comunicador como facilitador de conversaciones urgentes, necesarias y estratégicas en la organización es clave.

En su libro *El poder de las palabras*, Mariano Sigman (2022) dice que la buena conversación ocurre solo en su hábitat natural, es decir, en grupos pequeños. En una multitud se dispara fuego verbal pero no se conversa, aclara.

Estas conversaciones en grupos pequeños nos ayudan a revisar ideas sin perder la diversidad de pensamiento. Esta es la frontera entre la sabiduría y la locura de las masas, el territorio que saca lo mejor de la inteligencia colectiva, agrega el autor.

En nuestra opinión, si —además— estas conversaciones son diseñadas y facilitadas, el entendimiento, la verdadera comunicación y el conocimiento compartido se multiplican. Esto es lo que nos gusta llamar "dividir para multiplicar".

Una de las observaciones más frecuentes que recibimos en nuestros cursos cuando planteamos este punto es que la conversación funciona cuando se trata de organizaciones pequeñas, pero que en instituciones grandes resulta inviable.

Luego de haber diseñado y facilitado talleres colaborativos con decenas de participantes en los últimos diez años, como por ejemplo un "world café" con 1200 participantes, no estamos tan convencidos de que esto sea cierto.

Por el contrario, creemos fervientemente en la conversación como semilla del cambio. En nuestra experiencia hemos visto cómo muchos problemas de comunicación en las organizaciones surgen justamente por querer barrer bajo la alfombra aquello que debería ponerse sobre la mesa.

Sembrando (diseñando y facilitando) aquellas conversaciones necesarias o urgentes en nuestras organizaciones, generamos mayores niveles de consciencia colectiva. Puesto en una sola frase, esto sonaría algo así como: "Aquí de eso sí se habla".

Por ejemplo, una técnica simple y a la vez poderosa para activar y escalar esas conversaciones significativas en tu organización puede ser la del *Lean Coffee*. ¿La conoces?

El "Café Lean" o *Lean Coffee* es un enfoque *lean* para llevar a cabo reuniones super efectivas. En estos encuentros los participantes impulsan la agenda de la reunión, que suele tener un enfoque o tema convocante.

Esta es la estructura que suelen seguir las reuniones tipo *Lean Coffee*:

1. El facilitador configura un tablero Kanban con tres columnas: Por discutir, Discutiendo y Discutido.

2. El facilitador establece el tema o tópico principal. Los participantes escriben preguntas relacionadas con ese tema en notas adhesivas. Es una buena idea tener un límite de tiempo de 5 a 10 minutos en caso de que haya muchas preguntas dando vueltas por allí.

3. Todos los temas se publican en una pared, en la mesa o en un tablero virtual, se eliminan los duplicados y los elementos similares se fusionan en una conversación pendiente.

4. La acumulación de preguntas se lee en voz alta y, si es necesario, la persona que escribió la pregunta puede ampliarla brevemente.

5. Para decidir sobre qué temas hablar primero, todos tienen dos votos y votan marcando la nota adhesiva con un punto. Algunas personas usan pegatinas, sin embargo, en aras del tiempo, está bien dibujar un punto en la nota adhesiva. La nota adhesiva que recibe la mayor cantidad de votos se coloca en la columna Discutiendo. Las notas adhesivas

restantes se organizan en la columna Para discutir en función de la cantidad de votos recibidos.

6. Cada tema se discute durante un tiempo determinado, a menudo cinco minutos. Después de ese tiempo, las personas votan para continuar la discusión durante otros dos minutos: un pulgar hacia arriba para Sí, un pulgar hacia los lados para Neutral y un pulgar hacia abajo para No.

Facilitadores comprometidos
sobre comunicadores estrella

Necesitamos escuchar al ser humano detrás de las
palabras porque uno de los mayores regalos que
podemos dar a alguien es el regalo de ser escuchado.
William Ury

—Papá?
—¿Qué, Santi?
—¡Papá!
—Decime.
—¡Papá, escúchame!
— Te estoy escuchando, Santi...
—Papá, ¡ESCÚCHAME CON LOS OJOS!
Santi tenía 5 años. Me dio una de las
lecciones más importantes de mi vida.
Gonzalo Mariani

Una antigua historia budista cuenta que un profesor alemán viajó a Japón para profundizar sus conocimientos sobre el zen. En sus estudios había leído muchos libros, pero sus profesores le habían dicho que si realmente quería aprender, tenía que hablar con un practicante de zen en vivo. En particular, le recomendaron visitar a un viejo monje muy sabio que vivía en el interior del bosque nipón.

El alemán viajó a Japón, se internó en el bosque y llegó a la cabaña del monje. Entró y el hombre lo recibió con una hermosa sonrisa: *Entra, vamos a tener una conversación*, le dijo el sabio en tono muy agradable.

Al conversar, se hizo evidente que el profesor estaba más preocupado de exponer sus propias opiniones y conocimientos que de escuchar al sabio. Interrumpió al maestro repetidamente con sus propias historias y no escuchó lo que el otro tenía para decir. Entonces el maestro sugirió con calma que debían tomar té.

El anfitrión le sirvió lentamente una taza a su invitado, quien la sostenía en sus manos mientras continuaba hablando sin parar. Poco a poco la taza se fue colmando.

El maestro siguió vertiendo líquido hasta que la taza se desbordó sobre la mesa, el suelo y finalmente sobre la ropa del alemán, quien gritó: "¡Alto! La taza ya está llena. ¿No puedes ver?".

"Exactamente" —respondió el maestro zen con una sonrisa—. "Tú eres como esta taza, tan lleno de ideas que no cabe nada más. Vuelve a mí con una taza vacía".

Normalmente se dice que escuchar es recibir. Incluso en la historia que acabamos de relatar, vimos cómo el alemán necesita vaciar su taza para poder recibir lo que el japonés tiene para ofrecerle. Sin embargo, escuchar también es dar, brindar, entregar y, sobre todo, entregarse. ¿A quién? A los otros.

El antropólogo norteamericano William Ury (2015) nos invita a repensar la escucha cuando dice: "Escuchar es la mitad faltante de la comunicación absolutamente necesaria pero a menudo pasada por alto. Vivimos en una era que llamamos la era de la comunicación y ciertamente con muchos teléfonos celulares y mensajes de texto y tweets y correos electrónicos hay mucho que hablar y escuchar, ¿pero cuánta escucha puede realmente haber con tanta interrupción y distracción?"

Por su parte, la psicóloga norteamericana Sherry Turkle (2012) agrega en este mismo sentido: "Las relaciones humanas son vivas, complicadas y exigentes. Las limpiamos con tecnología y al hacerlo algo que puede suceder es que se sacrifica la conversación por la simple conexión. Nos defraudamos y con el tiempo parece que lo olvidamos o parece que deja de importarnos".

Como facilitadores comprometidos, fomentar conversaciones significativas en nuestras organizaciones requiere valentía, humildad y liviandad.

Valentía para desafiar el *status quo* que siempre va a preferir barrer bajo la alfombra lo que debiera colocarse sobre la mesa.

Humildad para pasar de ser comunicadores estrella (siempre bajo la luz sobre el escenario, como epicentro de la comunicación) a ser facilitadores comprometidos con lo que se quiere lograr.

Finalmente, la liviandad nos servirá para no tomarnos a título personal lo que emerja en esas conversaciones que vayamos a facilitar.

Adicionalmente, te dejamos por acá los acuerdos de la sabiduría tolteca recuperados por el escritor y ensayista mexicano Miguel Ruiz. Creemos que te pueden ayudar a preparar mejor esas conversaciones valientes y transformadoras que necesitan tener en tu equipo y en tu organización.

Los cuatro acuerdos de la sabiduría tolteca

Sé impecable con tus palabras

Utiliza palabras amables y amorosas que disipen el miedo. Ser impecable en tus expresiones te traerá bienestar, felicidad y paz interior.

No te tomes nada personalmente

Al no tomarte las acciones de los otros de manera personal les restas poder y evitas que te afecten. Toma el feedback como un regalo y no te enganches personalmente.

No hagas suposiciones

Hacemos suposiciones porque no tenemos el coraje de preguntar. Suponer nos hace inventar historias que nos envenenan. Ante la duda, pregunta.

Haz siempre lo máximo que puedas

Realiza tu mejor esfuerzo en cada situación teniendo en cuenta las circunstancias. No te obsesiones con la perfección. Disfruta del trabajo y de la vida con liviandad.

*Basado en el libro homónimo del Dr. Miguel Ruíz

Pero cuidado que cuando hablamos de liviandad estamos proponiendo algo muy serio. Nos vemos en la obligación de aclarar este punto porque, lamentablemente, con frecuencia se asocia la idea de lo liviano con lo banal o lo "poco serio".

En nuestro caso, por ejemplo, nos gusta decir que incluso cuando utilicemos el humor para facilitar, nuestro abordaje es super serio. Detrás del juego o del momento de humor que estemos planteando, siempre hay un diseño robusto, un sentido y, sobre todo, un objetivo por cumplir que guía y estructura la sesión, incluso cuando podamos improvisar sobre la marcha atendiendo a lo emergente. Vuelve a primar aquí el criterio de flexibilidad-adaptabilidad que comentamos antes y que es neurálgico en agilidad.

Experiencias vivas de planificación sobre planes cerrados

Por mucho que lo intentes,
el cambio no se puede controlar.
Jason Little

En comunicación organizacional, es muy común escuchar hablar acerca de la importancia que tienen el feedback, el "ida y vuelta" y la retroalimentación.

Generalmente utilizamos estos conceptos para diferenciar la comunicación como envío de información, respecto de aquella donde efectivamente ambas partes entregan y reciben o dialogan.

Sin embargo, a la hora de planear la comunicación estamos acostumbrados a plantear el proceso como algo lineal. La idea de planificar, ejecutar y cerrar etapas nos da una cierta sensación de certeza a medida que ideamos y recorremos el camino. A cada paso decimos: ¡check, cumplido!

Si bien suena lógico proyectar (del latín *proiectãre*; lanzar hacia adelante) para poder imaginar el estado futuro, también es cierto que ese tipo de pensamiento puede ser peligrosamente conformista, ya que nos ofrece una falsa sensación de certidumbre y control.

En este enfoque orientado por un plan o *plan-driven* (Little, 2014), todo empieza por la generación de un diagnóstico por parte de los "expertos" internos o externos, para ver dónde estamos parados. Desde ahí imaginamos el futuro y rápidamente nos situamos frente a dos puntos en el espacio.

Entonces surge como por arte de magia una sólida línea recta delante nuestro, capaz de transportarnos sin sobresaltos de un punto a otro, de acuerdo con lo planeado *en el papel*.

El problema de esta visión orientada por un plan cerrado es que los escenarios reales son siempre cambiantes, dinámicos e impredecibles. En la práctica, la mayoría de nuestras detalladas, precisas e inocentes proyecciones (por no decir mentirosas) terminan fallando.

Creemos que estos "proyectos" tienen un punto de partida y un punto final, pero luego nos quedamos atascados en el caótico medio, donde reinan la incertidumbre y la frustración.

Este enfoque no es privativo de la comunicación. Para nada. Por el contrario, se encuentra muy extendido en las organizaciones. En palabras de Jason Little, creador del método *Lean Change Management* (2014):

> Todas las organizaciones con las que trabajé (...) llevaron a cabo cambios transformacionales de la misma manera que ejecutaron otros proyectos: hay un presupuesto, un cronograma y un alcance. Saben que este enfoque está en desacuerdo con la naturaleza dinámica e impredecible del cambio, pero tienen que trabajar dentro de esas limitaciones en gran parte debido a cómo se contabiliza el tiempo en la hoja de balances. Después de todo, así es como siempre lo hemos hecho.

Sin embargo existen otras formas de planear el futuro en las organizaciones. Precisamente, como veremos en el capítulo siguiente, los métodos ágiles de planeación se hacen cargo de la incertidumbre y los imprevistos porque no son lineales ni prescriptivos como los tradicionales.

Antes bien, abordan la ardua tarea de visualizar el futuro con un *mindset* de experimentación, donde los avances se dan por aproximaciones sucesivas.

Sabemos que algo está vivo cuando se mueve, cuando cambia. Por eso hablamos de experiencias vivas de planificación.

Básicamente porque no creemos en la rigidez de los modelos clásicos de planificación.

Ya en el Manifiesto por el Desarrollo Ágil de Software este punto aparece como central, destacado entre los valores: *Respuesta ante el cambio sobre seguir un plan.*

¿Está mal seguir un plan? Desde luego que no. De hecho, no se trata de ir por la vida improvisando nuestras acciones a tontas y a locas. Sin embargo, ningún plan debería actuar como un corset que nos impida adaptarnos para mejorar la puntería de nuestras acciones.

En la propuesta del método *Lean Change Management*, por ejemplo, lo que orienta las acciones de transformación no es el seguimiento de un plan, sino la búsqueda de feedback y aprendizajes tempranos.

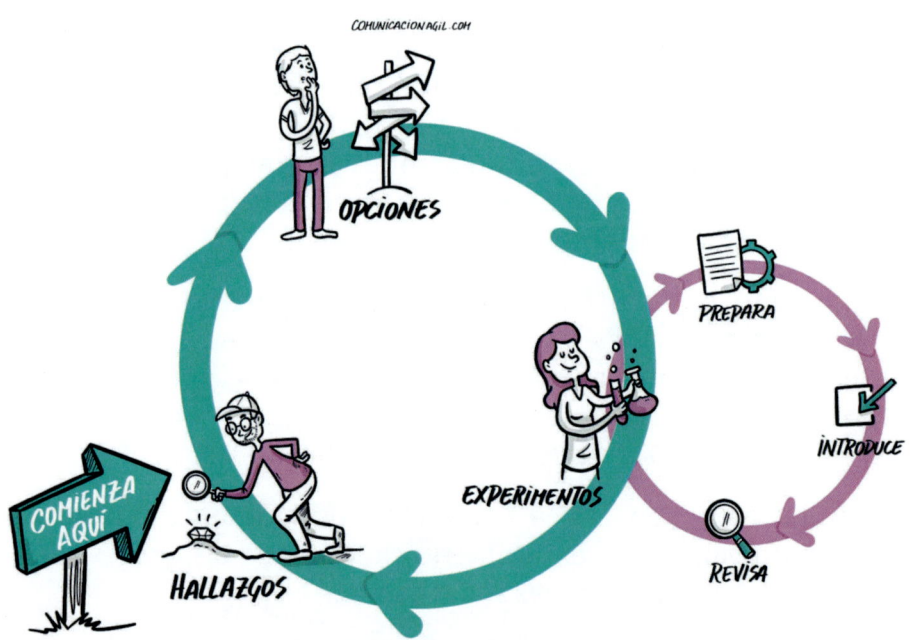

Inspirado, entre otras fuentes, en el método *Lean Startup* desarrollado por Eric Ries (2011), este modelo para la gestión del cambio ágil tiene como *driver* el generar aprendizajes tempranos a través de pequeños experimentos.

A diferencia de los métodos tradicionales que únicamente utilizan cartas Gantt lineal-secuenciales, podemos decir que este enfoque es ágil en la medida en que se aventura hacia el futuro con una mentalidad más de aprendiz que de experto o sabelotodo.

Contrariamente a las rígidas cartas Gantt y los cronogramas en cascada, este tipo de experiencias de planificación están tan vivas como la realidad que buscan transformar.

¿Pero cómo puedo llevar el mindset de experimentación a mi equipo?, te estarás preguntando. Y la respuesta es: trabajando con hipótesis.

¿Hipótesis? Ah ¿tú dices pensando?

Sí. El método hipotético-deductivo es ampliamente reconocido como uno de los enfoques científicos más populares. Se basa en un ciclo que combina la inducción y la deducción, con el propósito de establecer hipótesis para comprobar o refutar empíricamente muchos tipos diferentes de fenómenos.

Y consta de los siguientes pasos esenciales:

1. Observación del fenómeno a estudiar

2. Creación de una hipótesis para explicar el fenómeno (inducción)

3. Deducción de consecuencias o implicaciones más elementales de la hipótesis

4. Comprobación o refutación de los enunciados deducidos mediante la comparación con la experiencia

Este método requiere la combinación de la reflexión racional, como la elaboración de hipótesis y la deducción, junto con la observación de la realidad o el momento empírico, es decir, la observación y la verificación.

Los pasos 1 y 4 son un proceso empírico, es decir, requieren de la experiencia, mientras que los pasos 2 y 3 son racionales. Por esto se puede afirmar que el método sigue un proceso inductivo (en la observación), deductivo (en el planteamiento de hipótesis y en sus deducciones), y vuelve a la experiencia para su verificación.

¿Cómo reconocer una hipótesis bien formulada? Bueno, en rigor no existe una única forma de redactarlas. Acá te dejamos un modelo simple que nos ha funcionado: "Creemos qué haciendo A obtendremos B y lo mediremos a través de C, D y E resultados clave".

Esto está en la base de los métodos *Lean Startup* y *Lean Change Management* y te puede ayudar a mantener viva la cultura de la experimentación y el aprendizaje en tu equipo. El trabajar con hipótesis nos permite trazar el futuro por partes, paso a paso.

Adicionalmente, al trabajar de este modo estamos colaborando a mantener vivo y contagiar el espíritu de la mejora continua, haciendo carne esa incrementalidad de la que tanto se habla, pero que cuesta mantener ciclo tras ciclo.

Comunicación auténtica sobre comunicación espectacular

Vivimos en una época en la que nos encontramos rodeados de una comunicación-espectáculo. Este fenómeno global hace décadas viene poniendo en estado de alerta a filósofos y ensayistas de todo el mundo.

Desde Guy Debord (1967) con su premonitorio *La Sociedad del Espectáculo* publicado a fines de los años 60 hasta Giovanni Sartori (1998) con su *Homo videns* —magistral crítica de la televisión— editado a finales de los 90, muchos pensadores posmodernos coinciden en definir este estadio como un punto de no retorno para la humanidad.

En los últimos años este fenómeno de la espectacularización de la comunicación ha sido llevado al extremo al pasar, sin solución de continuidad, de las pantallas de TV y los ordenadores a nuestros bolsillos.

La revolución digital que implican las redes móviles de datos tiene muchas cosas positivas, claro está, pero también de las otras. En este platillo de la balanza podríamos colocar, por ejemplo, la adicción programada que generan las redes sociales (Bilinkis, 2019).

Hoy es moneda corriente consultar nuestras redes sociales a primera hora del día, cuando vamos al baño y mirar videos antes de ir a dormir.

En ese contexto, las comunicaciones corporativas compiten por la atención de los colaboradores absorbidos por las pantallas. En general, la solución preponderante entre las empresas ha sido generar sensacionales producciones que capten su atención, cueste lo que cueste.

Exacerbada por la pandemia, el trabajo remoto y el confinamiento, esta espectacularización terminó por arrastrar a muchos comunicadores a montar estudios de TV en las empresas.

Esta especie de Gran Hermano interno sirvió de plataforma para informar y entretener a los colaboradores. Colateralmente, muchos Gerentes de las áreas de Personas aprovecharon para darse a conocer ante su "público" interno cautivo e incluso mejorar su reputación en redes sociales volviéndose "influencers".

De esta manera, los comunicadores internos devenidos productores de TV montaron todo el show, invitando a líderes y colaboradores a reunirse virtualmente al calor de esta nueva televisión corporativa interna.

Muy pronto el fondo de pantalla de los sistemas de videoconferencia pasó a ser un tentador espacio "brandeable", al tiempo que el "croma", los concursos, entretenimientos y el maquillaje ganaron la escena del canal corporativo.

Aquí vale la pena hacer un pequeño alto en el camino a fin de reparar en dos de las varias acepciones que la palabra "pantalla" tiene en español.

Según la Real Academia Española, por un lado se trata de aquella "superficie donde aparecen imágenes en ciertos aparatos electrónicos". Por el otro, habla de una "persona o cosa que distrae la atención para encubrir u ocultar algo o a alguien".

Precisamente, llamamos "espectacular" a aquella comunicación que deliberadamente busca ocultar detrás de una pantalla más de lo que muestra. Esta adulteración se da con naturalidad, especialmente en organizaciones en las que la comunicación manipuladora está instalada como parte de la cultura.

La comunicación manipuladora es la elección de retacear información relevante con el fin de obtener lo que se desea.

Las personas que se comunican manipuladoramente persiguen sus agendas personales por encima de todo.

Según Fred Kofman (2008), éste es uno de los tres tipos de interacciones perversas que existen en muchas organizaciones, junto con la negociación narcisista y la coordinación negligente.

Cuando la culpa incondicional, el egoísmo esencial y la arrogancia ontológica —dice el autor— se convierten en la infraestructura tóxica de una organización, son el caldo de cultivo perfecto para este tipo de interacciones perversas.

Nota mental: si estás en una organización así... ¡déjala! Las organizaciones perversas se merecen que las buenas personas las abandonen. Ojo, eso no lo dice Kofman, lo decimos nosotros. ¡Y lo firmamos!

Por el contrario, una comunicación auténtica es aquella que enfrenta, promueve, diseña y facilita conversaciones poderosas en todos los niveles.

Un punto más en favor de la necesidad como comunicadores organizacionales de pasar de ser expertos emisores, a ser facilitadores entrenados en el ejercicio consciente de una comunicación cada vez más auténtica, orgánica y ágil.

Para que esto ocurra necesitamos ejercitar el músculo de la comunicación a lo largo y a lo ancho de toda la organización, hasta volverlo un comportamiento habitual reconocible de la cultura. Y tal como dijimos antes apoyándonos en Manuel Tessi, es clave que todo empiece "primero arriba", empezando por la cabeza, desde el CEO y sus reportes directos a todos los colaboradores (Tessi, 2012).

Pero, como mínimo, para que estas prácticas de comunicación puedan ser llamadas ágiles, deben además cumplir con un principio básico: la posibilidad de realizar preguntas y dar feedback sin censura.

Esto quiere decir que los participantes puedan preguntar y, si el CEO es lo suficientemente maduro y la organización lo suficientemente sana, incluso puedan llegar a cuestionar la racionalidad detrás de las decisiones así como la trazabilidad de las mismas.

Para eso, el/la Nº 1 es quien primero tiene que aprender a escuchar con humildad partiendo de la premisa de que, en primer lugar, nada de lo que puedan decirle sus mandos medios es personal y, luego, que recibir feedback es la única forma que tienen las ideas para madurar.

En este sentido, tal como propone Guadalupe Nogués en su libro *Pensar con otros* (2019): "Las personas merecen respeto. Las ideas tienen que ganárselo".

Visión orgánica sobre metáforas mecanicistas

En nuestro vocabulario y nuestra gramática habitan metáforas vacías y gastadas figuras retóricas que están firmemente atrapadas en los andamiajes y recovecos del habla de cada día.
George Steiner

Cuando los directivos piensan en las organizaciones como máquinas construidas con elementos de relojería esto puede proveer una alta productividad y, al mismo tiempo, conducir a resultados infortunados.
Gareth Morgan

Los sistemas vivos evolucionan en ciclos. Por ejemplo, los seres humanos nacemos, nos desarrollamos, envejecemos y morimos. Toda la lucha por la supervivencia y por la búsqueda de trascendencia que nos caracteriza como especie se dirime en el contexto de este lento tránsito hacia la muerte que llamamos "vida".

Está probado científicamente que a partir de los 25 años de edad aproximadamente, el cuerpo humano empieza a decaer. Franqueada esa barrera, mantenernos vitales y saludables es cada vez más costoso.

Siguiendo el paralelismo, ¿cómo puede una organización mantenerse vital después de que alcanzó su madurez?

Si pensamos a las organizaciones como sistemas vivos, a partir del momento en que llegan a su madurez, si no se reinventan y evolucionan corren serios riesgos, si no de desaparecer, al menos de perder vigencia y pasar al olvido.

En todo caso, las organizaciones humanas son un fenómeno complejo, rico, ambiguo y contradictorio que debe ser abordado desde diversas perspectivas.

En su libro *Imágenes de la Organización*, el teórico organizacional británico-canadiense Gareth Morgan (1986) explora en detalle varias metáforas para pensar las organizaciones.

Una de ellas es la que ve a las organizaciones como máquinas. Mecanismos perfectos, diseñados para conseguir determinados objetivos y que operen fluida y eficientemente.

El peligroso resultado de esta clase de pensamiento es que a menudo intentamos organizarlas y gestionarlas de un modo mecanicista, forzando sus otras cualidades.

En nuestra opinión, con la comunicación sucede algo parecido. Como vimos al principio de este libro, desde la publicación de la *Teoría matemática de la Comunicación* a fines de los años 40 (Shannon y Weaver, 1949), el modelo ingenieril-mecanicista ha venido impregnando la mentalidad y las prácticas comunicacionales de miles de comunicadores de todas las latitudes.

En aquel paradigma matemático de la comunicación lineal, ésta no es más que la transmisión de información, con más o menos eficacia, a través de un determinado medio físico.

Según Shannon, comunicación y transmisión aparecen como sinónimos, dentro de un escenario que supone una cadena de elementos tendida secuencialmente.

La fuente de información produce un mensaje, el emisor transforma el mensaje en señales, el canal transporta las señales, el receptor construye el mensaje a partir de señales y el destino recibe el mensaje.

Adicionalmente, durante la transmisión las señales pueden ser perturbadas por el factor "ruido", generando apreciables diferencias respecto del mensaje original.

Por aquel entonces el desafío era cómo hacer más eficientes las transmisiones de información a través del telégrafo y del teléfono. En efecto, desde ese punto de vista estrictamente tecnológico, la respuesta de Shannon fue magistral.

Tal es así que, después de él, la información pasaría a ser mayormente aceptada como un concepto matemático, una unidad de probabilidad o, simplemente, una magnitud estadística abstracta que califica el mensaje independientemente de su significación.

Como bien explica Yves Winkin (1982):

> Cuando enviamos un telegrama, el final de cada palabra es tan previsible que lo suprimimos ( ) En principio, no importa qué letra del alfabeto ni qué palabra del léxico pueden enviarse a través de las ondas. La incertidumbre es total. Pero desde el momento en que se forman las primeras letras, disminuye el número de mensajes todavía posibles. Para el estadístico, no es necesario recurrir al sentido para completar las palabras inacabadas: cada lengua posee una estructura estadística tal que, si una letra determinada ha aparecido, ya no es posible que vuelva a presentarse antes de un número n de otras letras. Si ha aparecido tal grupo de letras, no le podrá seguir tal otro grupo, y así sucesivamente. En una palabra, la información de Shannon es ciega.

El problema es que luego del aporte clave realizado en los años 60 por Roman Jakobson para la comunicación verbal, sobre este esquema de base telegráfico se erigieron todas las ramas de la semiótica.

Gracias a la extrema depuración operada sobre el teorema matemático-estadístico de Shannon, éste se ha convertido en el modelo imperante de la comunicación en el sentido común empresario.

Sin embargo, tal como vimos al principio de este libro, así como existen otras metáforas para pensar las organizaciones más allá de las máquinas, también existen otras metáforas para pensar la comunicación.

Recordemos por ejemplo la ya mencionada perspectiva de la llamada Escuela de Palo Alto, integrada entre otros por Gregory Bateson y Paul Watzlawick, en la que la comunicación es concebida como una orquesta.

En esta metáfora, múltiples actores mantienen una relación sistémica, dinámica y equilibrada. De esa manera, la orquesta interpreta una partitura invisible de múltiples canales, verbales y no verbales, que incluyen factores de la expresión facial, gestual, espacial y ritual.

> La analogía de la orquesta tiene la finalidad de hacer comprender cómo puede decirse que cada individuo participa en la comunicación, en vez de decir que constituye el origen o el fin de la misma. En este sentido podríamos hablar de un modelo orquestal de la comunicación, por oposición al modelo telegráfico. El modelo orquestal vuelve a ver en la comunicación el fenómeno social que tan bien expresaba el primer sentido de la palabra, tanto en francés como en inglés: la puesta en común, la participación, la comunión (Winkin, 1982).

En esta versión, la comunicación trata de un proceso permanente en varios niveles por lo que, para comprender la emergencia de la significación, se hace imprescindible describir el funcionamiento de diferentes modos de comportamiento en un contexto dado.

Como ocurre con los enunciados del lenguaje verbal, los "mensajes" procedentes de otros modos de comunicación carecen de significación intrínseca: sólo en el contexto del conjunto de los modos o niveles de comunicación puede adquirir sentido la significación.

La propuesta de Palo Alto va entonces hacia un análisis de contexto por oposición al análisis de contenido propiciado por el modelo de Shannon y sus colegas.

De esta manera el modelo orquestal de la comunicación supone comprender la vastedad que implica toda comunicación como un proceso de producción de sentido que atraviesa todas las prácticas sociales. Como lo sintetizaría Paul Watzlawick en uno de sus famosos axiomas: "Todo comunica".

Por su parte, Jurgen Appelo (2012) en su magistral libro *Cómo cambiar el mundo: Gestión del cambio 3.0*, nos habla de la organización como "un sistema complejo y flexible que se adapta a lo que hacemos, y donde nosotros debemos adaptarnos continuamente al modo en que el sistema responde. Ello se refleja en las palabras inspeccionar y adaptar, que se utilizan con frecuencia en la comunidad Agile".

Y agrega: "Una organización es una red y, como en todo sistema social complejo, las conductas se difunden en toda la organización como los virus. Tal como expresa el Manifiesto Ágil, se trata de los individuos y de su interacción. Si queremos ser agentes del cambio en nuestra organización, tomar conciencia de la red puede ayudarnos a superar la resistencia al cambio y a transformar todo el sistema social".

Entonces Appelo habla de la comunicación como una suerte de virus que se esparce por toda la organización, más allá de las jerarquías y de toda posibilidad de control, en el sentido más foucaultiano del término.

Por nuestra parte, adscribimos más a las metáforas de la orquesta y la red porque nos desafían a repensar lo que hacemos como comunicadores, en especial el para qué y el porqué de lo que hacemos.

Incluso vamos más allá y proponemos que la comunicación es como el agua:

- Ya estaba ahí cuando llegamos y seguirá estando cuando nos hayamos ido

- No podemos vivir sin ella, pero depende de nosotros no contaminarla

- Pasa por distintos estados, transformándose en ciclos continuos

- Cuando no se mueve y se oxigena frecuentemente, se estanca y termina echándose a perder

- Constituye una parte importante de nuestra esencia

- Es líquida, magmática y descentralizada

- La gestionemos o no siempre termina abriéndose paso

¿Te hizo sentido? ¿Qué otras características se te ocurren? Las metáforas cristalizan sentido y como placas tectónicas van constituyendo el suelo de nuestras conversaciones organizacionales.

Por eso es muy importante usarlas con precisión. Por ejemplo, las metáforas mecanicistas son mucho más comunes de lo que creemos, apareciendo frecuentemente en el discurso de nuestros líderes y colaboradores. Aquí, una vez más, nuestro rol como coaches comunicadores es clave ya que parte de nuestra función es inspirar a otros a que abracen una visión orgánica, sistémica, humana y sostenible de la comunicación en las organizaciones.

¡Somos personas, no máquinas! Por eso incluimos este concepto entre los valores del Manifiesto de la Comunicación Ágil: Visión orgánica sobre metáforas mecanicistas.

¿Lo habías pensado así? ¿Qué otras metáforas andan dando vueltas por ahí y te choca oírlas? ¿Y cuáles te inspiran?

Principios detrás de la Comunicación Ágil

Si, por un lado, los valores del Manifiesto de la Comunicación Ágil están más ligados a aspectos generales, evocativos e inspiracionales, los principios que presentaremos a continuación habitan mucho más cerca de la práctica.

Ojo, de ninguna manera se trata de entregar una receta o una metodología cerrada. Para nada. Recordemos que gran parte del problema de los comunicadores tiene que ver con cierta sórdida búsqueda de respuestas probadas, por sobre la vocación de mejorar las preguntas que nos plantea esta hermosa disciplina social.

¿Pero qué hay de la innovación y la experimentación? ¿Cuándo mejoraremos la comunicación si solo estamos copiando lo que otros ya hicieron en otros contextos que —por definición— nunca serán idénticos a los nuestros?

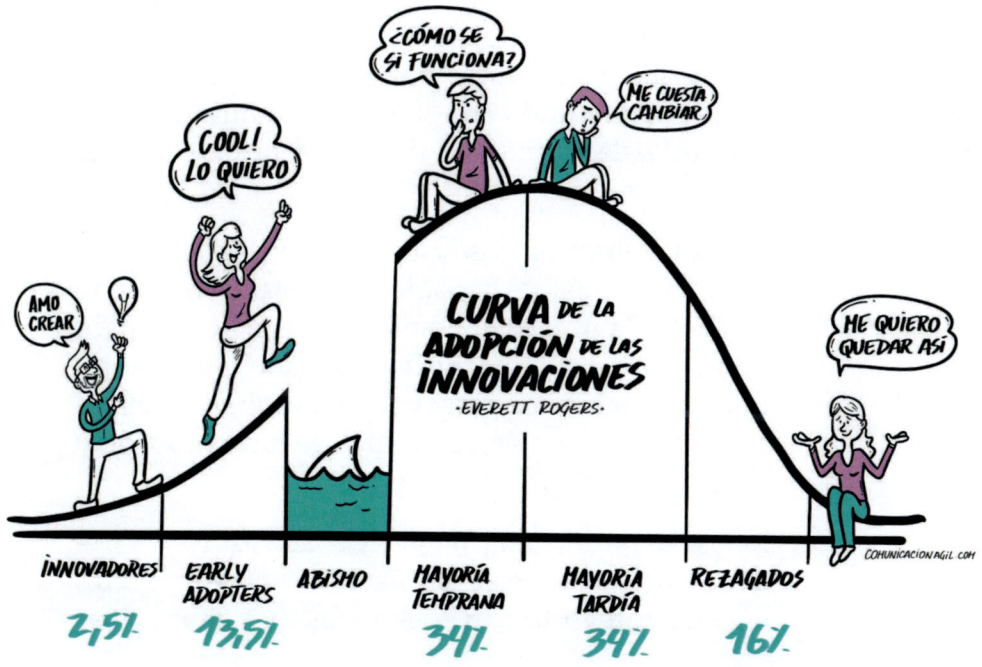

En este punto vale la pena introducir ahora la Curva de la Adopción de las Innovaciones. ¿La conoces? Desarrollado por Everett Rogers en su libro *Difusión de Innovaciones* (1962), este modelo describe cómo se propaga una nueva idea, producto o tecnología en una población o grupo social a lo largo del tiempo.

El esquema se divide en cinco categorías de adoptantes, cada una con su propia actitud hacia la innovación y su momento de adopción. Estas categorías son:

1. Innovadores (*innovators*): Son el primer grupo en adoptar la innovación. Suelen representar alrededor del 2,5% de la población total. Los innovadores son personas dispuestas a asumir riesgos, probar cosas nuevas y experimentar con tecnologías o ideas antes que nadie.

2. Adoptantes tempranos (*early adopters*): Constituyen aproximadamente el 13,5% de la población. Los adoptantes tempranos son individuos que están dispuestos a adoptar una innovación después de que los innovadores hayan demostrado su viabilidad. A menudo son líderes de opinión en sus comunidades y pueden influir en otros para que adopten la innovación.

3. Mayoría temprana (*early majority*): Representan alrededor del 34% de la población. Este grupo tiende a adoptar la innovación antes que la mayoría, pero después de los innovadores y los adoptantes tempranos. Suelen ser personas que están dispuestas a esperar a que una nueva idea se haya probado y aceptado antes de adoptarla.

4. Mayoría tardía (*late majority*): Constituyen alrededor del 34% de la población. Los adoptantes en esta categoría son escépticos en cuanto a las

innovaciones y tienden a adoptarlas después de que la mayoría ya lo haya hecho. Suelen ser personas que prefieren quedarse con las tecnologías o prácticas tradicionales hasta que estén seguras de que la innovación es efectiva.

5. Rezagados (*laggards*): Son el último grupo en adoptar la innovación, representando aproximadamente el 16% de la población. Los rezagados son tradicionalistas y suelen resistirse al cambio. Adoptan la innovación sólo cuando no tienen otra opción.

La Curva de Adopción de las Innovaciones muestra cómo diferentes grupos de personas adoptan una nueva idea (o tecnología) a lo largo del tiempo, lo que permite a los innovadores y a las empresas comprender mejor cómo dirigirse a diferentes segmentos de mercado en función de su disposición para adoptar innovaciones.

Lógicamente, estarás pensando que el modelo puede ser de gran utilidad a la hora de diseñar y ejecutar acciones de comunicación innovadoras y disruptivas, superando los modelos tipo embudo (o *funnel*) heredados del marketing.

¡Y estás en lo cierto! Qué distinto resulta, por ejemplo, del clásico método "AIDA" (Atención, Interés, Deseo y Acción) introducido en 1898 por Elias St. Elmo Lewis. Claro, si bien en aquella época pudo haber sido revolucionario, hoy parece difícil de defender debido a su extrema simplicidad, linealidad y falta de adaptación a la complejidad del volátil y cambiante mundo actual.

Pero además porque la comunicación organizacional no es marketing. Por el contrario, la comunicación interna en una organización debe centrarse en el enrolamiento, más que en una relación transaccional de venta.

Más bien se trata de satisfacer las necesidades de las personas, construir confianza y conectar emocionalmente, en lugar de simplemente intentar venderles algo. Este enfoque promueve el aumento progresivo y sostenible de la participación activa, entendiendo por esto la colaboración consciente y voluntaria de los colaboradores en la transformación de la organización.

Y al igual que la gran mayoría de las técnicas, herramientas y prácticas que hemos compartido, la curva sirve primero que nada para medir nuestra propia actitud frente a la experimentación y las innovaciones en general.

Por ejemplo, si hablamos de llevar la agilidad a tu equipo, tu área u organización ¿en qué sector de la curva te ubicarías tú? ¿Y a tu equipo? ¿Por qué? ¿Sientes que se mantiene aquello que provocativamente dijimos antes en cuanto a la necesidad de tener "certezas" antes de animarte a probar y experimentar cosas nuevas? Cuando alguien trae al equipo una propuesta disruptiva, ¿cuál suele ser tu reacción y la de tus compañeros?

Precisamente, bajo la genuina expectativa de que se animen a saltar el "abismo" (Moore, 2014) que detiene y paraliza a la mayoría temprana que necesita "ver para creer" y se transformen en verdaderos *early adopters*, presentaremos a continuación los Principios del Manifiesto de la Comunicación Ágil.

A diferencia de aplicar una receta "probada", el hecho de seguir ciertos principios nos abre a otras posibilidades. Se trata entonces de entender que los errores configuran nuestra experiencia, tanto o más que nuestros aciertos. Esta sabiduría empírica, si bien tampoco es trasladable a otros contextos, sí es pasible de ser compartida con la humildad de quien ha recorrido con relativo éxito un camino posible, entre otros.

Al igual que los valores, los principios que leerás a continuación no son la verdad revelada, sino la condensación de nuestra experiencia concreta desarrollando comunicación y agilidad en organizaciones durante más de una década.

Desarrollamos comunicación en ciclos cortos incorporando aprendizajes frecuentemente

Desarrollar el trabajo en ciclos cortos e incorporar aprendizajes frecuentemente es una práctica clave en el enfoque ágil. Este modo iterativo y continuo tiene varios beneficios.

A diferencia de la planificación estática a largo plazo, los ciclos cortos favorecen una retroalimentación temprana sobre el trabajo realizado. Esto permite realizar ajustes y mejoras de manera oportuna, evitando desviaciones significativas o errores costosos en etapas posteriores.

A su vez, esto aumenta la confiabilidad de toda la red, dinamizando la toma de decisiones. La comunicación más frecuente permite abordar rápidamente cualquier problema o duda, lo que evita retrasos y pérdidas de tiempo.

Esto tiene un impacto directo en la transparencia y la alineación. La comunicación frecuente mantiene a todos los involucrados informados y alineados, permitiéndonos compartir progresos, desafíos y resultados de manera transparente, lo que fomenta la comprensión común así como el sentido de la colaboración.

Incluso, al incorporar nuevos descubrimientos frecuentemente fomentamos un ambiente de aprendizaje continuo. La comunicación en ciclos iterativos breves brinda la oportunidad de reflexionar sobre lo realizado, identificar lecciones aprendidas y aplicar mejoras de manera constante.

Para implementar una comunicación efectiva en ciclos cortos recomendamos:

- Establecer reuniones de sincronización regulares y breves, como reuniones diarias, cada dos días o semanales, donde se compartan actualizaciones y se sincronicen los esfuerzos del equipo.

- Utilizar radiadores de información (tableros visuales físicos o virtuales) y otras herramientas compartidas de manera colaborativa. Los tableros de tareas o herramientas de comunicación en tiempo real facilitan la comunicación y el intercambio de información entre los miembros del equipo así como con stakeholders clave.

- Fomentar una cultura abierta y receptiva, donde se aliente a todos los miembros del equipo a compartir ideas, opiniones y preocupaciones de manera frecuente.

- Priorizar la escucha activa y la empatía durante las interacciones, permitiendo que todos los involucrados se sientan valorados y comprendidos.

Actuamos convencidos de que la comunicación es mucho más efectiva cuando es coconstruida

Había una vez un viajero que llegó cansado y hambriento a un pequeño pueblo, pero los aldeanos egoístas se negaron a compartir su comida con él. El forastero no se desanimó y decidió usar su ingenio para conseguir alimento. Así fue que les dijo a los aldeanos que tenía una piedra mágica capaz de convertir el agua en una deliciosa sopa, pero que necesitaba un poco de ayuda para prepararla. Intrigados, los aldeanos accedieron a ayudarlo. Uno de ellos le dio una olla con agua y otro le proporcionó un fuego para cocinar. El viajero puso la piedra en la olla con agua y comenzó a calentarla. "Esta sopa de piedra sería aún más deliciosa si tuviéramos algunas verduras", dijo casualmente. Entonces uno de los aldeanos fue rápidamente a buscar algunas zanahorias y las añadió a la olla. El forastero probó la sopa y exclamó: "¡Hmm, esto está tomando forma! Pero creo que sería aún mejor con algunas papas". Otro de los aldeanos fue a su casa y trajo algunas papas. A medida que la sopa seguía cocinándose, el viajero continuó sugiriendo ingredientes. Los aldeanos se mostraban cada vez más interesados y continuaron cooperando, compartiendo lo que tenían. Finalmente, la sopa estuvo lista y el aroma tentador llenó el aire. Los aldeanos, que habían empezado con la intención de no dar nada al viajero, ahora estaban emocionados de probar la sopa de piedra mágica que habían cocinado juntos. Nota: La primera narración de esta historia popular es atribuida a Madame du Noyer (1663-1719) y llegó a nosotros a través de José Vedoya, a quien agradecemos su oportuna y nutritiva colaboración.

Al igual que en la historia de la sopa de piedra, la comunicación coconstruida es un enfoque en el que los involucrados son activos participantes en el proceso, colaborando de manera conjunta para construir significado y comprensión compartida.

En lugar de ser un proceso unidireccional en el que un emisor transmite información a un receptor pasivo, la comunicación coconstruida involucra proactivamente a todas las partes en un intercambio interactivo y participativo.

Asimismo, la comunicación coconstruida permite la integración de diferentes perspectivas y conocimientos. Cada participante aporta su experiencia y punto de vista único, lo que enriquece la conversación y puede conducir a soluciones más creativas e integrales.

Al dar voz a todos los involucrados se promueve, además, el empoderamiento y el compromiso. Los participantes se sienten valorados, escuchados y parte activa del proceso de toma de decisiones, lo que contribuye a un mayor compromiso con los resultados y la implementación de las acciones acordadas.

Esto tiene un impacto directo en la confianza mutua, ya que al valorar apreciativamente las opiniones de los demás se fortalecen los vínculos y se crea un ambiente propicio para una comunicación abierta y honesta.

Sin dudas, para fomentar la comunicación coconstruida es importante establecer un ambiente inclusivo y con seguridad psicológica, de manera que los participantes se sientan cómodos para expresar sus ideas y opiniones sin temor a ser juzgados.

Para eso es fundamental practicar la escucha activa y demostrar interés genuino en las contribuciones de los demás, promoviendo la participación equitativa y evitando que una sola persona o grupo acaparen la conversación.

También pueden considerarse como buenas prácticas el utilizar técnicas de facilitación para fomentar la colaboración y la generación de ideas conjuntas, así como el establecer acuerdos de comunicación y coordinación efectivas.

En resumen, la comunicación coconstruida promueve la colaboración, la comprensión compartida y el compromiso de todos los participantes.

Al facilitar estos espacios de cocreación de la comunicación en nuestras organizaciones podemos fortalecer las relaciones entre las personas, logrando mejores y más nutritivos resultados para todos los involucrados.

Aceptamos y aprovechamos los cambios para propiciar la mejora continua y ofrecer ventaja competitiva a nuestros colaboradores, stakeholders y clientes

Como comunicadores ágiles, comprendemos que aceptar los cambios en los pedidos de nuestros clientes internos nos permite brindarles un mayor valor.

Al estar dispuestos a adaptarnos y ajustar nuestras estrategias de comunicación según sus necesidades cambiantes, podemos ofrecer soluciones más efectivas y relevantes.

Pero aceptar los cambios no significa ser "obedientes" o hacer todo lo que nos piden. Más bien, se trata de tener una actitud flexible, haciendo explícita nuestra disposición a escuchar y responder a las solicitudes de nuestros clientes.

Es más, tal como vimos en el apartado sobre el comunicador como asesor interno, nuestro rol se jerarquiza justamente cuando ayudamos a descubrir lo que realmente necesitan, más que lo que "quieren".

Solo así lograremos fortalecer la colaboración y la relación de confianza con ellos, lo cual es fundamental para lograr una relación efectiva y satisfactoria.

Además, al aceptar los cambios, estamos abiertos a la posibilidad de explorar nuevas ideas, enfoques y soluciones. Esto nos permite ser más innovadores y creativos en nuestro trabajo, buscando constantemente formas de mejorar y proporcionar mayor valor.

En el fondo, esto tiene que ver con que en lugar de resistirnos a los cambios, los comunicadores ágiles estamos preparados para abrazarlos, porque los consideramos oportunidades para mejorar el producto final y así satisfacer mejor las necesidades cambiantes del cliente.

Sabemos que en alguna medida esto es más fácil decirlo que practicarlo, desde luego. Porque además de una cuestión de actitud y mentalidad, requiere métodos y herramientas adecuadas para poder ordenar, priorizar y solventar esa demanda. Como veremos en el siguiente capítulo, gestionar responsable y conscientemente esta demanda es clave.

Conectamos con las personas, privilegiando la conversación cara a cara como el método más eficiente y efectivo de hacerlo

Este principio está inspirado directamente en el principio N° 6 del Manifiesto por el Desarrollo Ágil de Software, que dice: "El método más eficiente y efectivo de comunicar información al equipo de desarrollo y entre sus miembros es la conversación cara a cara". Recuerda que puedes conocer los 12 Principios del Manifiesto por el Desarrollo Ágil de Software aquí visitando https://agilemanifesto.org/

Precisamente la comunicación sincrónica (presencial mejor, pero virtual también) nos permite conectarnos de manera más clara y precisa que cualquier otra forma de comunicación.

Y es que desde la época de Aristóteles no se ha inventado una mejor "tecnología" para generar entendimiento que la conversación. Es sorprendente cómo, a pesar de los avances tecnológicos y la evolución en las formas de comunicación, una simple charla cara a cara sigue siendo el método más efectivo para generar empatía, comprensión y confianza entre las personas.

En el mundo empresarial, la conversación sigue siendo una herramienta fundamental para el trabajo en equipo, la negociación y la toma de decisiones. A través de la comunicación verbal y no verbal, podemos transmitir ideas, compartir conocimientos y resolver conflictos de manera más eficiente, por ejemplo, que a través de la comunicación escrita.

Vivimos en una era digital en la que los correos electrónicos, las redes sociales y las aplicaciones de mensajería instantánea se han convertido en parte integral de nuestra vida cotidiana.

Sin embargo, no debemos subestimar el poder de una buena conversación en tiempo real para establecer relaciones sólidas, tanto en el ámbito personal como profesional.

En este sentido, y a pesar de lo que podría pensarse desde un punto de vista estrictamente racional, la comunicación escrita prevalente en estos tiempos con el auge de whatsapp y otros sistemas de mensajería instantánea puede ser tremendamente dañina, brindando la falsa idea de "estar hablando" con la otra persona cuando chateamos.

Incluso, tal como señala el escritor argentino Martín Kohan (2023) en su interesante libro ¿Hola?: Un réquiem para el teléfono resulta paradójico que sigamos llamando "teléfono" a nuestros celulares cuando lo que menos hacemos con ellos es hablar por teléfono.

Como comunicadores tenemos prácticamente el deber de restituir el valor de las conversaciones que suceden cara a cara, o en su defecto mediadas, pero en tiempo real. Aquellas donde el pensamiento se desarrolla temporalmente y las ideas se construyen de a dos (o más individuos), no sólo con lo dicho, sino también con las pausas, así como con los gestos y las esperas por el propio turno para tomar la palabra.

En síntesis, aunque las nuevas tecnologías han facilitado la comunicación a larga distancia y nos han permitido estar conectados con personas de todo el mundo, no hay nada que supere la efectividad de una buena conversación para generar entendimiento y empatía entre las personas.

Con todo, vale también hacer una pequeña advertencia: ¡No todos los temas deben tratarse en conversaciones o en reuniones sincrónicas!

El punto es cómo discernir cuando una reunión podría haber sido un e-mail, o al revés, cuándo un tema que se discutió por correo electrónico hubiera sido mejor hablarlo en persona o en una reunión virtual pero en tiempo real.

Para el caso de la reunión que podría haberse evitado, hay un factor de cierta inseguridad psicológica que debemos tener en cuenta. Se trata de una creencia muy tóxica, que suena algo así como: "oh, pero cómo voy a decir que no a esta invitación" y que nos lleva a aceptar reuniones que no nos aportan nada y donde no agregamos valor.

Por eso es clave diseñar, definir y explicitar cuándo y cuánto es preciso colaborar y cuándo y cuánto, no. ¿Cómo saberlo? Bueno, si bien nada de esto es matemática y no hay reglas taxativas, sí podemos desarrollar criterios propios siguiendo algunos pasos.

A continuación presentamos 10 preguntas para evitar lo que llamamos "reunionitis", es decir, el agotamiento por exceso de reuniones innecesarias.

Son preguntas simples pero poderosas que te puedes hacer a tí mismo y al resto de los participantes, como para empezar a facilitar esa conversación en la próxima mesa de trabajo o comité en que te toque actuar. Pruébalas ¡es liberador! También puedes testearlas con tu equipo.

1. ¿Qué queremos lograr? Comenzar con un objetivo claro es clave porque ayuda a los participantes a conectar con el espacio desde el inicio. Tip: Salir a descubrir algo también puede ser un objetivo.

2. ¿Qué puedo aportar? Declarar qué tengo para ofrecer me abre rápidamente a la colaboración con los otros. Además, me permite detectar tempranamente si es que mi participación realmente suma o no.

3. ¿Qué necesito yo de este espacio, mesa o comité? Compartir necesidades individuales nos permite

calibrar intenciones, en el camino por la alineación de las expectativas colectivas.

4. ¿Qué pasaría si este espacio no existiera? Sincerando y revalidando periódicamente la necesidad de contar con el espacio reafirmamos el compromiso y el sentido de pertenencia de los participantes.

5. ¿Qué otras mesas similares existen? Siempre es una buena costumbre conocer a los "vecinos". Este ejercicio nos ayuda a entender y validar la necesidad de sostener o descartar el espacio.

6. ¿Qué miembros de esta mesa ya vienen actuando en esos comités? No hay preguntas incómodas, solo personas que se incomodan con ciertas preguntas. Si alguien se pone nervioso con esta pregunta, sospecha. No se trata de acusar a nadie, sino de evitar duplicidades e ineficiencias.

7. ¿Somos todos los que debemos estar? ¿Faltan o sobran personas? La persona que falta no puede levantar la mano. Y aquella que siente que no está aportando, muchas veces no se atreve a declararlo. Esto representa un desperdicio doble: de tiempo para el individuo, y de recursos para la organización.

8. ¿Quién/es serán nuestros sponsors? Los sponsors son personas que no participarán regularmente pero que están interesadas en los resultados. Detectarlos a tiempo es clave para la supervivencia del espacio.

9. ¿Cómo nos vamos a coordinar y sincronizar? Evitar retrabajos y duplicidad en los roles es fundamental. Si nos mantenemos sincronizados seremos más efectivos como equipo y estaremos más motivados como individuos.

10. ¿Qué acuerdos de comunicación y coordinación vamos a tener? Un antiguo proverbio dice: "Cuentas claras, amistades duraderas". Tener acuerdos consensuados y explícitos de trabajo nos ayuda a fomentar la cultura, evitar malentendidos y mantener a la tripulación comprometida.

Somos agentes de cambio; nunca dejamos de preguntar y preguntarnos por qué y para qué, escuchando con empatía y hablando con humildad

El trabajo de un agente de cambio implica llevar a cabo acciones y actividades que promueven y facilitan el cambio positivo en una organización, equipo o comunidad.

Los comunicadores ágiles identificamos las necesidades de cambio, generamos ideas y estrategias, al tiempo que trabajamos para implementar esas transformaciones. Nuestro objetivo es impulsar mejoras significativas y duraderas en el sistema.

Por otra parte, en general todos los buenos agentes de cambio son comunicadores efectivos, básicamente porque comparten la visión y los objetivos del cambio con los demás, generando compromiso para obtener el apoyo necesario para llevar adelante el proceso de cambio.

Conscientes de que el éxito de toda transformación depende de cómo se comunican los beneficios del cambio, cómo se gestionan las resistencias y las preocupaciones de las personas involucradas, en todo momento actúan en consecuencia.

De esta manera un buen agente de cambio es un verdadero *espíritu inquieto* y, como tal, se mantiene atento para no caer en la tentación. ¿Y qué pecados debería evitar? Es momento de revisar los siete pecados capitales de la comunicación en la transformación.

Siete pecados capitales de la comunicación en la transformación

Pecado N° 1: No desafiar al *status quo*

Los agentes de cambio amamos eso: el cambio. Cuestionamos lo que vemos como un hábito que nos abre a la innovación y a la disrupción. Somos algo así como inconformistas por definición; pero no por simple capricho, no. Sino porque estamos convencidos de que un mundo mejor es posible. Y para mejorar el estado actual de cosas, no queda otra alternativa que confrontarlo.

Nuestra sed de cambio proviene de una profunda convicción de que el mundo puede ser mejor. Creemos en la posibilidad de un futuro más brillante y justo para todos. Nos impulsa la idea de que, al confrontar y cuestionar lo que actualmente se considera normal o aceptado, podemos descubrir nuevas soluciones y oportunidades para mejorar.

A su vez, nuestras acciones están respaldadas por un alto sentido de propósito y responsabilidad. Sabemos que el cambio puede ser desafiante y hasta incómodo, pero estamos dispuestos a asumir esos desafíos porque creemos en la importancia de nuestro propósito.

En resumen, los agentes de cambio somos soñadores pragmáticos, idealistas con los pies en la tierra.

Pecado N° 2: No indagar en los dolores de la organización

La indagación es la fuente y el camino. Si nos quedamos atrapados en el síntoma, en lo que aparece, probablemente solo podamos proponer soluciones "parche". Incluso, no alcanza con conocer los dolores y aplicar remedios como si fuéramos médicos (que no lo somos). Más bien trabajamos desde la capacidad regenerativa de la organización.

Como agentes de cambio, a los comunicadores nos apasiona curiosear e investigar (del latín *investigare*: ir tras los vestigios) en la causa raíz de los problemas. Por eso indagamos en los dolores, reconociendo que los síntomas son solo manifestaciones externas de problemas más complejos que residen en el tejido mismo de la organización. Pero no para quedarnos ahí, sino para descubrir soluciones superadoras, basadas en la sanación que supone el recordar un propósito común. Para ello, actuamos como facilitadores de un proceso de autodescubrimiento y crecimiento.

Reconocemos que dentro de cada sistema existen fuerzas y recursos internos para sanar y transformarse. Por eso buscamos cultivar esas capacidades, creando un ambiente propicio para el florecimiento y el desarrollo colectivo.

Al indagar en los dolores, no nos detenemos en la lamentación o el victimismo, sino que utilizamos este conocimiento para inspirar, desafiar, cuestionar y activar una visión compartida que incite a los involucrados a encontrar soluciones más elevadas, significativas y sostenibles.

Sabemos que el camino de la transformación es continuo y desafiante. Por eso nos embarcamos en esta travesía en busca de un mundo hecho de organizaciones ágiles y conscientes.

Pecado N° 3: Planificar sin flexibilidad

La planificación del trabajo del conocimiento en el siglo XXI requiere un enfoque diferente al que se utilizaba en el pasado. Si bien la planificación es importante para establecer una dirección y objetivos claros, resulta igualmente esencial poder reconocer la naturaleza dinámica y cambiante del entorno en el que operamos. Por lo tanto, nuestros planes deben ser flexibles y adaptarse continuamente a medida que surgen nuevas circunstancias y aprendemos de la experiencia.

La adaptabilidad debe ser incorporada deliberadamente en nuestros procesos de planificación desde el comienzo. En lugar de basarnos en grandes y rígidos planes a largo plazo, preferimos ciclos cortos de aprendizaje. Estos ciclos nos permiten evaluar periódicamente nuestro progreso, aprender de los resultados y ajustar nuestras acciones en consecuencia.

Viene bien aquí recordar con Gregory Bateson aquello de que "el mapa no es el territorio". Los planes, por muy detallados que sean, son solo representaciones de la realidad, una realidad que es compleja y a menudo impredecible. Por lo tanto, debemos recordar que nuestros planes son solo guías iniciales y que la verdadera prueba de su eficacia se encuentra en cómo se ajustan y adaptan a medida que interactuamos con el mundo real.

La mentalidad de control excesivo en la gestión puede ser contraproducente en el contexto del trabajo del conocimiento. Cuando tratamos de controlar cada acción y revisar el desempeño solo para cumplir compromisos pasados o para "cobrarle" a nuestros colaboradores por errores, coartamos su autonomía y su creatividad. Esto lleva a la frustración y, con el tiempo, a una pérdida sistemática de motivación y compromiso.

La rigidez en la planificación y la gestión puede transformar a la organización en una especie de "panóptico" moderno, una prisión donde las personas se sienten constantemente vigiladas y controladas. Desde nuestro enfoque, en cambio, buscamos construir una organización ágil donde la comunicación auténtica, la confianza, la colaboración y la adaptabilidad sean los pilares fundamentales.

Pecado N° 4: Plantear la transformación como una línea de llegada

La transformación no es simplemente un destino o una meta final a alcanzar, sino más bien un viaje continuo de evolución y mejora constante. No se trata solo de cambiar superficialmente, sino de abrazar una nueva forma de vivir y trabajar con los demás.

Al ver la transformación como un proceso de cambio adaptativo, reconocemos que el mundo que nos rodea está en constante cambio y evolución. Precisamente, esta evolución implica una profunda y sostenida transformación interna y externa. Así, no solo cambiamos nuestras acciones y procesos, sino que también evolucionamos como individuos y como organización.

En lugar de ver a la transformación como un cambio radical o drástico, nosotros la concebimos como una evolución gradual y consciente. Esto significa que cada paso que damos en el camino de la mejora continua nos lleva a un nuevo nivel de desarrollo, pero el proceso no se detiene ahí. La transformación se convierte entonces en una vocación, una pasión por aprender y crecer constantemente.

Esta actitud nos permite mantenernos abiertos a nuevas oportunidades y desafíos, ya que nos impulsa a seguir evolucionando a medida que avanzamos en nuestro camino de transformación. La ventaja de este enfoque es que no tiene fin ya que siempre hay espacio para crecer.

Adicionalmente, reconocemos la importancia de la colaboración, la empatía y la comprensión mutua en este viaje. Trabajar en conjunto con otros nos permite aprender de diferentes perspectivas y experiencias, al tiempo que enriquece nuestra capacidad de enfrentar los desafíos de una manera más completa y efectiva.

Pecado N° 5: No hablar de los beneficios

Si no sé a qué me invitas, es más probable que te diga que prefiero no ir. Así de simple. Sin embargo, muchas veces insistimos en prometer un viaje que nunca llega, un cambio que no aparece, un nirvana que se queda en bonitas piezas de comunicación.

En lugar de quedarnos en la superficialidad de bonitas campañas de comunicación, debemos ir más allá y poner los beneficios y las posibles contradicciones sobre la mesa. Ser transparentes acerca de lo que podemos ofrecer, pero también reconocer los desafíos o posibles obstáculos que podrían surgir. Esta apertura y honestidad son fundamentales para construir confianza y credibilidad con las personas involucradas.

Además, es importante no solo comunicar los beneficios, sino también involucrar a las personas en el proceso. Al fomentar la participación y la colaboración desde el comienzo, se crea un sentido de pertenencia único en todos los niveles.

La cita de Benjamin Franklin "Dime y lo olvido, enséñame y lo recuerdo, involúcrame y lo aprendo", destaca la importancia de la participación como activadora del compromiso. Cuando las personas están involucradas en la planificación y ejecución de una iniciativa se sienten parte del proceso y están más dispuestas a asumir responsabilidad en su éxito. Además, esto también permite tener diferentes perspectivas y experiencias en consideración, lo que puede enriquecer la calidad de las soluciones y decisiones tomadas.

Pecado N° 6: Usar el nombre de la transformación en vano

Se ha hablado tanto de la transformación en estos últimos años que se ha vuelto un "commodity" y un significante vacío. Esta banalización del concepto está en gran parte relacionada con el uso irresponsable que se ha hecho de él. Muchas veces, la transformación se ha promocionado como una moda o una tendencia más que como un cambio significativo y profundo.

Para revertir esta situación, es crucial que los líderes y aquellos que los asesoran comprendan que la verdadera diferencia está en sus acciones, no solo en sus palabras. Para que sea efectiva y plena, toda transformación requiere compromiso genuino y ejecución coherente. No es suficiente hablar de cambio; es necesario llevar a cabo acciones concretas y consistentes para lograrlo.

En este sentido, la comunicación organizacional desempeña un papel esencial en devolverle sentido a la transformación. En lugar de centrarse únicamente en discursos y promesas vacías, la comunicación debe enfocarse en destacar los logros, los aprendizajes, el progreso y el impacto positivo que se va alcanzando mediante el cambio.

Es importante reconocer que la transformación no es una estrategia de marketing, sino un proceso que afecta a toda la organización. Requiere un compromiso absoluto por parte de todos los involucrados, empezando por la alta dirección.

Los impactos reales son los que validan la efectividad de la transformación y la hacen relevante para las personas y la organización. Menos palabras y más acciones concretas son esenciales para generar confianza y credibilidad en cualquier proceso de cambio.

Pecado N° 7: Dejar la comunicación para el final

En el mundo actual, caracterizado por una constante evolución y cambio, la comunicación ya no puede considerarse un elemento añadido o secundario en las organizaciones. En cambio, debe convertirse en un elemento central y estratégico, integrado en todas las etapas y procesos de la transformación.

Para abordar los desafíos de esta era digital y dinámica en la que vivimos, la comunicación necesita adoptar un enfoque colaborativo y flexible.

Un *framework* colaborativo en comunicación implica que ésta ya no puede ser diseñada o practicada de manera aislada o jerárquica.

En cambio, debe ser un proceso iterativo e incremental, en el que todos los involucrados participan activamente, aportando sus perspectivas y habilidades únicas. La colaboración permite aprovechar la diversidad de talentos y conocimientos para crear soluciones más completas y efectivas.

Además, las estrategias de comunicación deben poder ajustarse rápidamente en respuesta a nuevos desafíos, oportunidades y cambios en el mercado. No podemos aferrarnos a planes rígidos y preestablecidos, sino que debemos estar dispuestos a iterar y mejorar constantemente nuestros enfoques.

La comunicación del siglo XXI es mucho más que un mero instrumento para transmitir mensajes. Se ha convertido en un motor de transformación, impulsando cambios significativos en la cultura y las prácticas de la organización. Una Comunicación Ágil eficaz facilita la alineación de objetivos, valores y expectativas en todos los niveles de la organización.

Para lograr este tipo de comunicación transformadora, la colaboración es esencial. Los equipos interdisciplinarios, las redes de colaboración y la apertura a las ideas de todos los miembros de la organización son fundamentales para desarrollar una comunicación más significativa y relevante.

Por último, es importante entender que la comunicación no es simplemente un "adorno" o una guarnición para la transformación. No puede ser una simple capa superficial que se superpone a los cambios organizacionales. En cambio, debe estar profundamente integrada en la estrategia y la cultura de la organización, apoyando y amplificando los esfuerzos de transformación en todos los planos.

Sabemos que la comunicación es algo demasiado importante para dejarla solo en manos de los comunicadores. Con el entrenamiento adecuado, todos podemos ser mejores comunicadores

Existen varias razones por las cuales todos podemos beneficiarnos al convertirnos en comunicadores más competentes.

En primer lugar, la mejora de nuestras habilidades de comunicación nos permite establecer relaciones más sólidas y saludables.

Una comunicación clara y efectiva es esencial para expresar nuestras ideas y emociones de manera coherente, lo que, a su vez, nos ayuda a comprender mejor a los otros.

Al lograr esto, se establecen relaciones basadas en la confianza y la empatía, lo que es fundamental en cualquier interacción humana.

Al mejorar nuestras habilidades de comunicación, somos capaces de compartir ideas de manera más efectiva, coordinar esfuerzos y resolver conflictos de una manera constructiva. Esto, a su vez, se traduce en un mayor rendimiento y resultados positivos en proyectos colaborativos.

No importa en qué etapa de la vida o carrera nos encontremos, siempre hay espacio para mejorar y perfeccionar nuestras habilidades de comunicación.

En síntesis, en general la comunicación es un conjunto de habilidades, herramientas y prácticas fundamentales que todos podemos desarrollar y mejorar con el entrenamiento adecuado. Sin embargo, ésta no es exclusiva de los comunicadores profesionales (o no debiera serlo) sino que es una competencia esencial en todas las áreas de la organización.

Por eso nos inspira tanto la idea de generar redes de colaboración y comunicación interna en las organizaciones, entrenando y apoyando a los colaboradores para que sean tan buenos (¡o por qué no mejores!) comunicadores que nosotros.

Como decíamos en el apartado sobre el comunicador como entrenador, es precisamente entrenando a los colaboradores que lograremos una liberación doble: por un lado, los colaboradores podrán librarse de tener que ver todo con nosotros como únicos "expertos" de la comunicación (lo que genera estrés, malestar y cuellos de botella) y, por el otro, nosotros nos liberamos a nosotros mismos de la carga que implica una excesiva centralización de la comunicación, habilitando a otros a que cocreen sus propias formas de comunicación siguiendo lineamientos o principios generales.

El desafío y la apuesta es, entonces, pasar de monopolizar y homogeneizar las comunicaciones a descentralizar y entrenar a todas las áreas para que desarrollen su propia comunicación.

Comunicamos constantemente: el secretismo ya no es una opción sustentable

La transparencia es uno de los pilares de la agilidad, ya que promueve la colaboración, el intercambio de ideas y la creación conjunta, lo cual es crucial para la innovación y la mejora continua.

En un mundo hiperconectado, ocultar información no solo carece de sentido sino que también puede ser contraproducente. El acceso a la información ha transformado drásticamente la manera en que nos relacionamos y trabajamos.

De esta manera, la transparencia y la apertura se han vuelto fundamentales para construir confianza y establecer relaciones sólidas, tanto a nivel personal como en el entorno empresarial.

Ocultar información puede generar desconfianza, malentendidos y obstaculizar la colaboración. En cambio, compartir información de manera abierta y transparente facilita la comunicación efectiva, la toma de decisiones fundamentadas y el trabajo en equipo.

Además, en un mundo donde la información fluye rápidamente, es difícil mantener oculta la información por mucho tiempo. La falta de transparencia puede ser detectada fácilmente y puede dañar la reputación de una persona o una organización.

En este sentido, una buena práctica contra el secretismo exagerado puede ser establecer claramente con el CEO u otras autoridades de la organización qué cuestiones son estrictamente confidenciales. El resto, por definición, será público dentro de la empresa.

La hipótesis detrás de la información y la comunicación fluyendo abiertamente por la compañía es que solo así podremos construir relaciones sólidas basadas en la confianza, ingrediente fundamental en la cocina de todo equipo de alto rendimiento.

Las empresas y líderes que fomentan un entorno de trabajo inclusivo y transparente atraen a los mejores talentos y crean una cultura empresarial en la que todos pueden prosperar.

Al compartir información y conocimientos, las organizaciones pueden tomar decisiones informadas, adaptarse rápidamente a los cambios del mercado y mantenerse a la vanguardia de su industria.

Esto es especialmente relevante en el contexto actual, en el que las redes sociales y las tecnologías de comunicación nos permiten conectarnos con personas de todo el mundo y mantenernos informados sobre los eventos y tendencias globales.

En resumen, el secretismo ya no es una opción sustentable en un mundo cada vez más conectado. La comunicación constante es esencial para fomentar la transparencia, la confianza, la colaboración, la adaptabilidad y el crecimiento. Al comunicarnos de manera abierta y frecuente, podemos construir relaciones sólidas, promover la innovación y lograr resultados positivos en todos los aspectos de nuestra vida.

Y tú, ¿cómo estás promoviendo la transparencia y la comunicación abierta en tu equipo? ¿Y en tu empresa?

Preguntas para trabajar

¿Resuenan tú y tu equipo con los valores del Manifiesto de la Comunicación Ágil? ¿Cuál te hizo más sentido? ¿Cuál te hizo menos? ¿Por qué? En tu organización: ¿Cómo se toman la mayor parte de las decisiones? ¿Y en tu equipo? ¿Cómo manejan

la jerarquía quienes la detentan en tu área, equipo u organización? ¿Son líderes anfitriones que fomentan la participación sin temor? ¿Qué necesitan tú y tu equipo para animarse a facilitar aquellas conversaciones urgentes latentes en tu organización? ¿Eres de tomarte las cosas a título personal muy seguido? ¿Qué tal eres tú y tus compañeros entregando y recibiendo feedback? ¿Y los líderes de tu organización? ¿Cómo planifican la comunicación? ¿Cómo inspeccionan lo actuado y adaptan los cursos de acción? ¿Cuándo aprenden, solo cuando meten la pata? ¿Qué les está faltando para poder desarrollar una mentalidad de mejora continua? ¿Está la comunicación en tu organización teñida de mecanicismo? ¿Qué se les ocurre que pueden empezar a hacer para rehumanizar los intercambios? ¿Qué hay de los principios? ¿Qué te hace sentido? ¿Qué tiene que cambiar en tu contexto para que sean posibles? ¿Qué necesitas cambiar en tí? ¿Qué estás dispuesto a dejar atrás?

¿Quieres compartir el Manifiesto de la Comunicación Ágil con otras personas? Invítalas a visitar

https://agilecommsmanifesto.org/

Capítulo V.
Comunicación Ágil en la práctica

Decimos que el mapa es diferente al territorio. Pero, ¿qué es el territorio? Lo que está en el mapa de papel es una representación de lo que estaba en la representación retiniana del hombre que hizo el mapa; y mientras preguntas más y más, lo que encuentras es una regresión infinita, una serie infinita de mapas. El territorio nunca entra por completo.
Gregory Bateson

Antes de comenzar la última parte de nuestro viaje, hagamos un pequeño paréntesis para repasar y sintetizar brevemente lo que vimos hasta ahora.

En los primeros dos capítulos hablamos de agilidad y comunicación, sus nexos y diferencias, y del cambio como una necesidad que debía partir de adentro hacia afuera, desafiándote a comenzar con lo que tienes más a mano, es decir, tú mismo. Para eso desplegamos el *framework* de competencias del nuevo comunicador.

De esa manera ofrecimos un contexto y dejamos planteadas algunas cuestiones fundamentales, para luego abordar la dimensión más íntima del "Yo" del Comunicador como agente de cambio.

Ya en el Capítulo III comentamos brevemente los valores del Manifiesto Ágil para luego avanzar en la exposición de tres de los mitos más populares de la agilidad: ser ágiles es ser más rápidos, en agilidad no se planifica y la agilidad solo sirve para el desarrollo de software.

En el capítulo siguiente entramos de lleno en nuestro Manifiesto de la Comunicación Ágil, donde recorrimos los valores y principios que lo componen.

Finalmente, en esta quinta y última parada estamos listos para hablar de otros dos grandes dolores históricos de los comunicadores: la gestión de la demanda y la planificación.

Gestión de la demanda en comunicación

La gestión de la demanda suele ser una preocupación muy común en aquellos equipos que brindan servicios transversales en las organizaciones.

A menudo denominadas "áreas de soporte", estos equipos desempeñan un papel crítico al proporcionar servicios esenciales que respaldan a diferentes partes de la organización.

Sin embargo, gestionar eficazmente la demanda de estos servicios puede ser un desafío significativo. A continuación enumeramos algunas razones por las cuales la gestión de la demanda puede ser un dolor de cabeza para estas áreas.

1. Variabilidad de la demanda: Los equipos transversales a menudo se enfrentan a fluctuaciones impredecibles en la demanda de servicios. Pueden pasar de tener una carga de trabajo ligera a estar abrumados en poco tiempo. Esto puede dificultar la planificación y la asignación de recursos de manera eficiente.

2. Priorización de solicitudes: Los equipos transversales tienen que lidiar todo el tiempo con múltiples solicitudes de diferentes partes de la organización. Establecer prioridades y determinar qué solicitudes atender primero puede ser un desafío, ya que pueden surgir múltiples conflictos de intereses.

3. Expectativas cambiantes: Los clientes internos pueden tener expectativas cambiantes sobre los servicios que se les proporcionan. Esto puede llevar a cambios frecuentes en los requisitos y la necesidad de adaptarse rápidamente.

4. Presión por la eficiencia: A menudo, los equipos transversales se enfrentan a la presión de hacer más con menos. Esto significa que deben encontrar formas de mejorar la eficiencia y la productividad sin comprometer la calidad de los servicios que entregan.

5. Comunicación y coordinación: La comunicación efectiva entre el equipo transversal y sus clientes internos es esencial, pero puede ser complicada cuando hay muchas partes interesadas. Coordinar y mantener a todas las partes informadas puede ser un proceso complejo.

Para poder abordar estos desafíos es fundamental implementar una sólida gestión de la demanda. Dejar de ser simples "tomadores de pedidos" requiere tanto de establecer procesos claros para recibir, priorizar y gestionar solicitudes, como de desarrollar capacidades flexibles para adaptarse a las fluctuaciones de la demanda.

Además, la colaboración y la comunicación efectiva con las partes interesadas internas son esenciales para comprender las necesidades cambiantes y establecer expectativas realistas.

En general las herramientas de gestión de proyectos y servicios, junto con enfoques ágiles como los que nos brindan Kanban, Scrum o *lean*, pueden ser útiles para mejorar la gestión de la demanda en cualquier tipo de equipo que brinda capacidades transversales.

Por nuestra parte, para lo que tiene que ver con la gestión de la demanda en equipos de comunicación en particular, hemos desarrollado una herramienta simple pero poderosa, que llamamos "Modelo VSM".

Se trata de un modelo liviano, sencillamente replicable y que puede ayudar a los comunicadores a tener mejores conversaciones contractuales con clientes internos y externos.

Si bien con Paul Watzlawick podemos decir que la comunicación "está en todo", porque es imposible no comunicar, también es clave aceptar que la comunicación no puede hacerlo todo. En este punto y como para romper un poco el hielo nos gusta decir:

"Hicimos un trato con Dios: él no hace comunicación y nosotros no hacemos milagros".

A grandes rasgos, creemos que la comunicación en las organizaciones puede trabajar en tres niveles que van de lo más básico y universal que es "informar", hasta generar una inspiración y empoderamiento tales que motive a las personas a ponerse en movimiento.

Si existiera algo así como una pirámide de Maslow (1943) de las necesidades comunicacionales, el "estar informados" —esto es, contar con información clara, fidedigna y oportuna— es comparable al primer peldaño de las necesidades fisiológicas básicas.

Recordemos que, en su teoría, el psicólogo norteamericano clasifica y jerarquiza en diferentes niveles ciertas necesidades humanas universales. A medida que se satisfacen estas necesidades más básicas (parte inferior de la pirámide), los seres humanos desarrollamos necesidades y deseos más elevados, que aparecen en la parte superior de su pirámide.

Salvando las distancias, algo similar ocurre con las necesidades de comunicación dentro de las organizaciones. En el primer nivel básico nosotros hablamos de Visibilizar. Luego en un nivel intermedio aparece la posibilidad de Sensibilizar y, finalmente, en el peldaño superior está lo que llamamos Movilizar (de ahí el acrónimo "VSM").

Comencemos entonces por lo más básico y fundamental que puede (y debe) cubrir la comunicación organizacional. Hablamos del arte de visibilizar temas clave, entendiendo por esto poner de manifiesto, comunicar información relevante o, simplemente, informar a los colaboradores.

Este nivel implica lograr que las personas tomen conciencia de la existencia o importancia de algo. Tomando prestado el concepto de "Awareness" de la metodología ADKAR para la gestión del cambio (disponible en www.prosci.com), diremos que se trata de un paso necesario aunque para nada concluyente en sí mismo.

Por ejemplo, que las personas conozcan una normativa interna es condición necesaria aunque insuficiente por sí sola para que la respeten y actúen en consecuencia. Por lo tanto, quien recibe un estímulo sobre algo no necesariamente modifica su percepción, su actitud o su conducta respecto del tema en cuestión.

Un poco más arriba, en un segundo momento o peldaño se ubica la posibilidad de la comunicación como generadora de sentimientos y emociones. Esto no es nuevo y bien podría originarse en lo que Aristóteles llamó *"pathos"* dentro de su *Retórica*.

En todo caso, este principio se basa en el poder de los sentimientos para llegar al corazón de las personas. Según Aristóteles, si un orador es capaz de conectar con los sentimientos de su audiencia, puede entonces conmoverla y, por tanto, llegar a empatizar con él e incluso cambiar de opinión.

Finalmente, en el punto más alto de nuestro modelo comunicacional se encuentra la posibilidad de generar movimiento. Movilizar es hacer que alguien cambie su manera de hacer algo, rompiendo un patrón de comportamiento establecido.

Entonces la comunicación moviliza y genera acción. Quien participa de este nivel puede no solo modificar actitudes sino también sus conductas y sus comportamientos concretos.

En el siguiente diagrama quedan expresados los tres niveles:

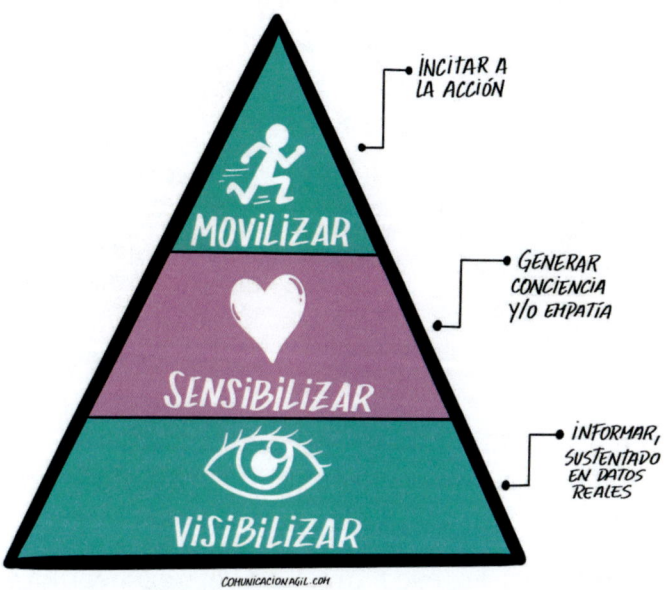

Ahora bien, ¿qué pasa cuando integramos esta pirámide de capacidades de comunicación con las necesidades de nuestros clientes? Aquí es donde la cosa se pone interesante.

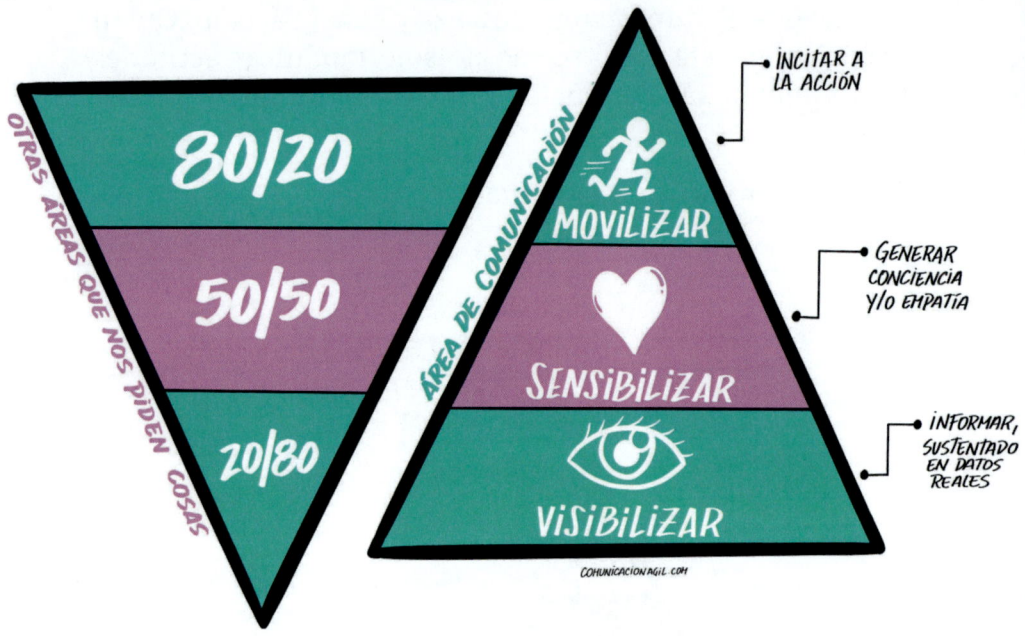

En la segunda figura aparece en la izquierda una pirámide invertida. Este nuevo triángulo representa las demandas de otras áreas de la empresa.

Como verás, en cada nivel se ve una pequeña ecuación: 20/80, 50/50 y 80/20, respectivamente. Con eso queremos simbolizar la conversación contractual que podemos tener con nuestros clientes cuando solicitan nuestro apoyo.

Veamos un ejemplo. Supongamos que el área de *Compliance* de la empresa necesita informar a todos los colaboradores acerca de una nueva normativa que todos deben conocer. ¡Perfecto! En ese caso, solo el 20% del esfuerzo total será necesario por parte de Compliance, ya que desde Comunicación solo necesitamos los datos para enviar a todos los colaboradores.

Desde luego, podemos invertir tiempo en iterar borradores del comunicado con el área de Compliance. Sin embargo, lo más importante para transformar ese contenido en algo atractivo para garantizar que efectivamente todos los colaboradores lean la información lo estaremos poniendo nosotros, como área especialista.

Supongamos un segundo caso, en el que por algún motivo el área cliente necesita ir un poco más "arriba" en la pirámide para "tocar el corazón" de los colaboradores y conmoverlos.

Se trata de las típicas campañas de sensibilización o generación de consciencia respecto de algún tema delicado o sensible. Para que tenga resultado, seguramente necesitaremos más que pura y fría información. Es el momento de comprometernos codo a codo con nuestro cliente, ya que al menos un 50% del esfuerzo tendrá que venir de quien está solicitando la campaña.

En este segundo caso, por ejemplo, el área cliente va a tener que disponer de tiempo y recursos como para generar, obtener y editar hallazgos potentes tales como testimonios de los involucrados.

Entre otras cosas, esto puede requerir inversiones que van de moderadas a medias, como por ejemplo la contratación de productoras, traslados, viáticos y visitas a plantas donde realizar las entrevistas con los protagonistas.

En esta oportunidad podemos decirle a nuestro cliente: "De acuerdo a lo que quieres lograr con esta campaña tienes que contemplar ciertas inversiones". Y entonces nos asociamos a nuestro cliente, entendiendo que el éxito de "su" campaña será parte también de "nuestro" propio éxito como área de Comunicación.

Finalmente, puede que exista un tercer caso, en el que ya no alcanza con visibilizar o sensibilizar a los colaboradores y necesitamos ir por más. Para eso es probable que el esfuerzo que tenga que hacer la contraparte sea mucho mayor, incluso hasta de un 80%.

Típicamente, se trata de campañas más ambiciosas, donde la demanda viene por el lado de lograr una transformación profunda y donde, nos guste o no, la comunicación sola no puede "hacer milagros".

Como se trata de una campaña de movilización y ya no solo de información o sensibilización, es importante explicar a nuestra contraparte que en ese 80% deberemos incluir seguramente a otras áreas y actores clave dentro de la compañía, como el CEO y sus reportes directos.

Otro elemento clave entonces es la humildad del comunicador para actuar con la responsabilidad suficiente como para reconocer que, para lograr cosas importantes, siempre se necesita de la inteligencia colectiva.

Aquí es donde el modelo VSM conecta directamente con la propuesta general tal como la hemos desarrollado. Como comunicadores ágiles, es en este punto donde tenemos una gran oportunidad de posicionarnos en un rol mucho más atractivo, potente y desafiante como auténticos facilitadores de procesos transformacionales en nuestras organizaciones.

Con mentalidad exploradora de *Design Thinkers* podremos entonces salir a facilitar la coconstrucción de uno o más roadmaps para empatizar, definir, idear, prototipar y evaluar los resultados de estas campañas.

Qué distinto se siente esto respecto de "tener" que decir que sí a cuanto pedido cae en tu escritorio en posición de víctima, ¿verdad? ¡Por eso nuestra invitación es y seguirá siendo a saltar ese escritorio y llegar a ser verdaderos agentes de cambio!

En primer lugar, porque poco a poco vamos a ir desarrollando una actitud protagonista, dando siempre el primer paso, preguntando a nuestros clientes qué quieren lograr antes de aceptar cualquier pedido.

¿Quieres lograr aquello? No hay problema, solo que necesitaremos esto otro para lograrlo. Un viejo adagio dice que no hay segunda oportunidad para una primera impresión. Si aceptamos pedidos que luego no podemos satisfacer perderemos credibilidad y luego será muy difícil reparar la relación.

En cambio, si invertimos tiempo en analizar y comprender cabalmente qué es lo que se proponen alcanzar nuestros clientes, podremos ayudarlos a definir y ajustar lo que realmente necesitan en términos comunicacionales.

Para empezar con el pie derecho necesitamos acordar con nuestros clientes el alcance, es decir aquello que quieren lograr, el tiempo (otra variable fundamental y que no puede ser siempre "urgente" porque si todo es urgente nada lo es), así como la disponibilidad de recursos.

Y todo puede negociarse, menos la calidad. Solo así llegaremos a ser respetados y apreciados como asesores estratégicos.

De la planificación estratégica al pensamiento estratégico

> *Los planes son de poca importancia,*
> *pero la planificación es esencial.*
> Winston Churchill

Hace tiempo que los términos "planificación" y "estrategia" se han vuelto significantes vacíos. Un significante vacío es una palabra cuyo uso abusivo la transformó en portadora de un significado gastado, nulo o vacío.

Como bien explica Henry Mintzberg (1994), lo que el autor llama *el ascenso y caída de la planificación estratégica* puede reseñarse señalando los siguientes hitos o aspectos históricos.

En la década de 1960 la planificación estratégica fue adoptada por los líderes corporativos como "la mejor forma" de optimizar la competitividad de cada unidad de negocio.

Así fue como, siguiendo la gestión científica de Frederick Taylor se creó una nueva función de especialistas: los planificadores estratégicos, cuyo objetivo era producir las mejores estrategias y proporcionar instrucciones paso a paso para implementarlas con éxito.

Sin embargo, la planificación estratégica no ha funcionado exactamente como se esperaba y, aunque sigue siendo una práctica común, ha perdido su prestigio.

Según Mintzberg, esto se debe a que *planificación estratégica* no es lo mismo que *pensamiento estratégico*. En su opinión, incluso este tipo de planificación termina a menudo obstaculizando el correcto desarrollo del pensamiento estratégico real.

¿Y cómo es posible eso? Es posible, porque debido a esta especie de síndrome del planificador serial en lugar de enfocarse en la visión real, los directores pueden confundirla con la manipulación de los números y la creación de planes detallados.

Esta confusión es el meollo del problema. Las estrategias más exitosas son aquellas que se basan en una visión clara, no simplemente en un plan bien diseñado.

En conclusión, aunque la planificación estratégica sigue siendo útil en muchos casos, es importante recordar que no es lo mismo que el pensamiento estratégico, y que las visiones son las que conducen al éxito real en la implementación de estrategias.

Sumado a esto, ante el cambio tecnológico implacable, las fuerzas disruptivas en una industria tras otra, la competencia global, entre otros factores, la planificación parece una ilusión sin sentido.

Así y todo, la planificación es claramente esencial para empresas de cualquier tamaño. La realidad es que todo el tiempo necesitamos hacer planes sobre el uso de los recursos de una empresa. Algunos son a corto plazo y otros se extienden a un futuro imaginado.

Planificación ágil de la comunicación

Según el reconocido consultor italiano Alessandro Di Fiore (2018), necesitamos reemplazar las obsesiones tradicionales sobre datos duros con una coexistencia más equilibrada de datos duros y blandos, donde el juicio también juega un papel importante.

La lógica de la planificación estratégica centralizada a largo plazo (realizada una vez al año en un momento determinado) es la antítesis de una organización rediseñada en torno a equipos que definen sus propias prioridades y asignación de recursos frecuentemente.

Es por eso que la búsqueda de repensar la planificación estratégica nunca ha sido más urgente y crítica. Una planificación acorde al siglo XXI, insiste Di Fiore, debe ser concebida nuevamente como una planificación ágil.

La planificación ágil tiene una serie de características:

- Marcos y herramientas capaces de lidiar con un futuro que será diferente;

- Capacidad de hacer frente a cambios más frecuentes y dinámicos;

- Necesidad de invertir tiempo de calidad para una verdadera conversación estratégica en lugar de ser simplemente un juego de números;

- Recursos y fondos disponibles de manera flexible para oportunidades emergentes;

- Obsesión por el foco en el impacto de los objetivos propuestos, así como en los resultados clave y las iniciativas que nos ayudarán a lograrlos, todo en el marco de una visión, o propósito convocante.

Debido a cuestiones presupuestarias, la mayoría de las empresas organizan el trabajo en ciclos anuales. A priori esto no está ni bien ni mal, es solo un dato duro de la realidad.

Lo que sí resulta por lo menos curioso es cómo cada fin de año nos vemos obligados a hacer futurología, prediciendo con lujo de detalles lo que va a ocurrir durante (todo) el año siguiente.

Cuando comenzamos cualquier proyecto o ciclo nuevo, rara vez tenemos una idea completa de lo que va a suceder y de lo que se necesitará realmente para lograr los desafíos planteados. Siempre existirán imponderables, feedback de nuestros clientes, cambios de planes o requisitos inesperados que entrarán en escena.

La agilidad tiene su propio modo de hacerse cargo de esta incertidumbre. ¿Esto quiere decir que los agilistas no planifican? ¡No! Como vimos en la primera parte cuando revisamos este mito, es importante señalar que la planificación tradicional no es la única forma de planear el futuro.

Claro, en agilidad también planificamos y pronosticamos, con la diferencia sustancial de que incluimos instancias de inspección, adaptación y mejora en el corazón de nuestros planes.

¿Cómo llevar este tipo de planificación ágil a la práctica en comunicación? Es simple, aunque no fácil. Veamos un ejemplo.

Supongamos que nos encontramos trabajando en la planificación anual de los eventos de la organización junto con nuestro equipo de Comunicación ampliado. ¡Y decimos ampliado porque a esta altura ya debería haber quedado más que claro que es esencial incluir en nuestra *planning* de comunicación a otras áreas clave de la compañía!

De ahí que cuanto antes incluyamos a nuestros socios estratégicos en la cocreación de nuestros *roadmaps* de comunicación, mejor.

Si bien siempre es posible y deseable innovar a cada paso que damos, a veces tenemos que escoger nuestras batallas. Por eso nos gusta visualizar el año a través de una hoja de ruta que llamaremos *roadmap*.

En este *roadmap* lo primero que colocaremos serán aquellos eventos que ya sabemos que sí o sí tienen que estar. Típicamente, existen hitos que se repiten de un año a otro: el aniversario de la empresa, el Día Internacional de la Mujer, las fechas patrias de cada país (si es una empresa muy patriótica), la semana de la innovación y cualquier otro evento o período especial que debamos contemplar en nuestra *planning*.

Reservaremos un carril de nuestro roadmap que llamaremos *Business As Usual* (BAU) para colocar estos hitos "inamovibles". En paralelo, dibujaremos otro carril que llamaremos Transformación, o como lo decida el equipo. Lo importante es que esté clara la diferencia entre ambos.

Aunque sabemos que la cosa nunca es tan esquemática ya que hasta en las avenidas más seguras pueden haber desvíos, pozos y accidentes, esa vía representará un flujo un poco más estable y conocido. Después de todo, son los eventos que hacemos *todos los años*.

El segundo carril estará reservado para la exploración y la experimentación. Allí podremos colocar eventos, campañas e ideas nuevas, cosas que no han sido probadas aún y cuyo objetivo está más vinculado a la generación de aprendizajes que a cumplir con la tradición.

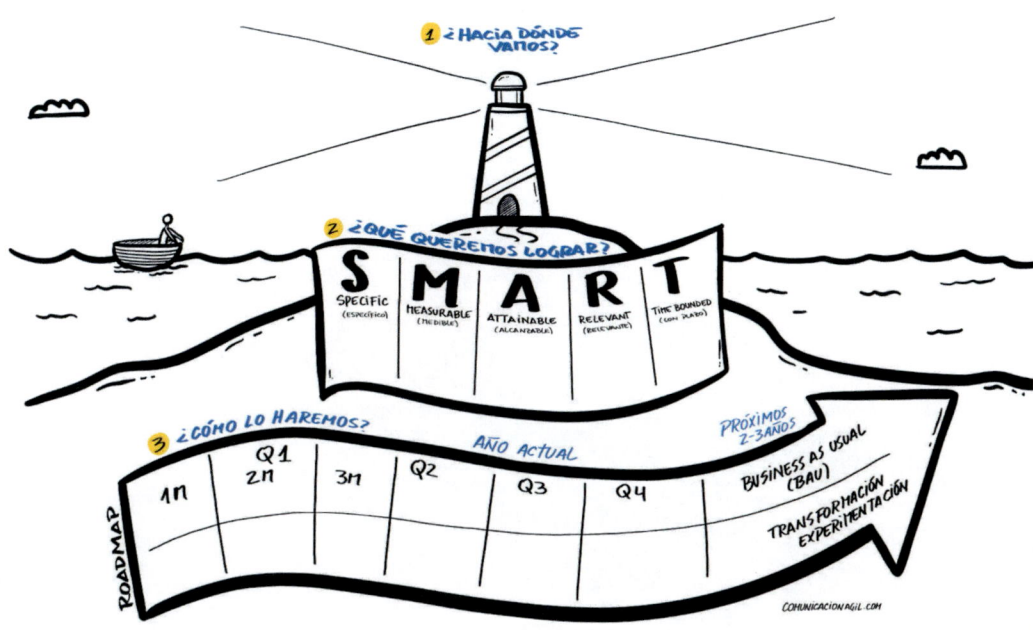

Otro factor fundamental acerca de esta forma de planificar con un *mindset* ágil tiene que ver con el esfuerzo invertido en cada momento de la planificación. El nivel de detalle invertido en la planificación de un evento debería ser directamente proporcional a su proximidad en el tiempo.

Por ejemplo, salvo contadas excepciones, por más grande que sea un evento interno que se encuentra a más de seis o nueve meses vista, poco sentido tiene ponerse inmediatamente a planificarlo al detalle ¿verdad?

En todo caso bastará con señalar el hito en nuestro *roadmap* como para no perderlo de vista y esperar hasta el último momento responsable antes de entrar a planificarlo.

Por eso nos gusta figurarnos el camino a través de lo que llamamos *horizontes de planificación*. Del mismo modo que los paisajes van apareciendo en nuestro horizonte cuando viajamos, los eventos se irán viendo cada vez más grandes a nuestro paso a medida que nos acerquemos a ellos.

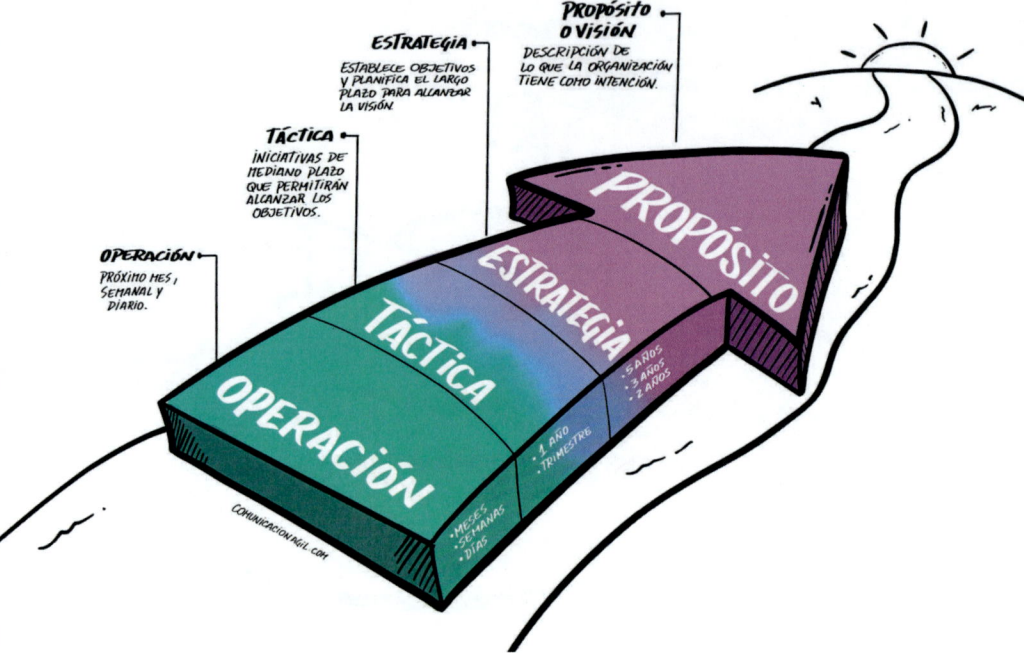

Entonces, una pregunta interesante para hacer *antes* de comenzar tu próxima planificación es ¿qué nivel de detalle necesitamos manejar en este momento? Así como una pregunta interesante para hacer *cerca del final* de tu sesión de planificación bien puede ser: lo que logramos ¿es lo suficientemente bueno para avanzar?

¡Ah! Y acuérdate de nuestro amigo el mono: ¡aprende a soltar!

Preguntas para trabajar

¿Cómo podemos hackear nuestra mentalidad y la de nuestros líderes para empezar a planear nuestras iniciativas de modo flexible y adaptativo? ¿Cómo podemos planificar para cocrear juntos el destino al que queremos llegar? ¿Cómo integramos la experimentación y la mejora continua en nuestros planes de comunicación? ¿Qué sabes sobre tu organización? ¿Qué te está

faltando averiguar para poder empezar a cambiarla? ¿Qué hace única a tu organización? ¿Qué acercamiento para introducir cambios funcionará mejor? ¿Qué puedes cambiar ya mismo? ¿Qué será muy difícil cambiar? ¿Qué no debería cambiar? ¿Cuál es el ritmo natural de cambio en la organización? ¿Qué es lo próximo que vas a hacer?

Glosario de términos

Agile Coach: Profesional *agile-lean* que actúa como entrenador, facilitador y guía en estrecha colaboración con las personas y equipos de una organización para ayudarlas a adoptar y mejorar en agilidad, lo que les permite ser más flexibles, eficientes y capaces de adaptarse a los cambios en un entorno empresarial dinámico. Su objetivo principal es promover la entrega de valor de manera temprana y efectiva, así como la progresiva toma de conciencia en torno del mindset y prácticas ágiles.

Comunicación organizacional: Serie de procesos permanentes que integran constantemente dimensiones tales como la imaginación, el lenguaje, los gestos, las miradas, la mímica, el espacio interpersonal, la historia y la cultura de una organización, además de todas las comunicaciones mediadas, dentro y fuera de la comunidad de la organización de que se trate. La comunicación en el ámbito organizacional incluye (pero no se limita) a los canales y métodos de interacción que surgen en el seno de las diferentes entidades que componen una sociedad, abarcando desde empresas hasta instituciones académicas, organizaciones sin fines de lucro y organismos gubernamentales. Esta engloba tanto a la comunicación interna como a la externa.

Herramienta: Elemento que facilita o permite desarrollar una tarea. Por ejemplo, User Story Map es una herramienta que se construye aplicando la técnica User Story Mapping.

Otro ejemplo de herramientas pueden ser Zoom, Meet y Teams para videollamadas; y Trello, Jira o Azure DevOps para gestionar proyectos, productos y en general, el trabajo de equipos y organizaciones.

Infoxicación: Neologismo acuñado por Alfons Cornella que alude a la intoxicación que se da por exceso de información.

Iterativo e incremental: Desarrollo de iniciativas en ciclos cortos de repeticiones que incorporan aprendizajes en cada serie.

Kanban: Método que emplea tableros de trabajo y tarjetas visuales para gestionar todo tipo de servicios profesionales, también el denominado trabajo del conocimiento. La manera más sencilla de entenderlo es decir que "con Kanban, puedes gestionar el trabajo". Kanban está diseñado para ayudarte a gestionar mejor el trabajo y a mejorar la entrega del servicio de forma consistente para satisfacer las expectativas del cliente.

Lean: La filosofía *lean* (en inglés "magro") es un enfoque empresarial originado en Japón, centrado en crear valor para los clientes mediante la eliminación de ideas y conceptos preconcebidos. Esta forma de gestión está basada en las prácticas del Toyota Production System (TPS) que enfatiza la eliminación de desperdicios dentro de un proceso. Muy sintetizado, el núcleo de esta filosofía implica el principio de que el gasto de recursos para cualquier objetivo que no sea la creación de valor es un desperdicio y, por lo tanto, debe ser eliminado.

Marco de trabajo (o framework): Conjunto de conceptos, prácticas y criterios para enfocar un tipo de problemática particular que sirve como referencia a la hora de abordar nuevos problemas similares. Por ejemplo, Scrum es un marco de trabajo porque define el conjunto de responsabilidades, artefactos, y eventos, pero no es un método porque no nos da todo el detalle de cómo se hace cada cosa.

Método: Forma organizada y sistemática de alcanzar un objetivo. Por ejemplo, Kanban es un método: se usa para visualizar y mejorar el flujo de trabajo.

Metodología: Conjunto de procedimientos que se utilizan para una investigación científica o proyectos específicos. Cuando definimos una metodología detallamos los métodos, técnicas, marcos de trabajo y herramientas que vamos a utilizar. Por ejemplo, *Design Thinking* es una metodología que se usa para generar ideas innovadoras que centra su eficacia en entender y dar solución a las necesidades reales de los usuarios. Cada organización puede definir y detallar su propia metodología, articulando frameworks, métodos, herramientas, procesos, roles y responsabilidades, entre otros elementos.

Retrospectiva: Reunión que tiene lugar al término de cada sprint y su objetivo es que el equipo piense en mejoras para el próximo sprint. Es el corazón de la mejora continua.

Reunión de sincronización, Daily stand-up meeting o "sync": Breve reunión diaria (alrededor de quince minutos) en la que el equipo se reúne y comunica sobre tareas e impedimentos.

Scrum: Creado de forma iterativa e incremental desde fines de los '80, es uno de los marcos de trabajo ágiles más famosos del mundo y al día de hoy sigue teniendo actualizaciones. La primera mención a "Scrum" es en el *paper* de Nonaka y Takeuchi publicado en 1986 (Nonaka y Takeuchi,1986). Más tarde, Jeff Sutherland y Ken Schwaber trabajaron alrededor de estos conceptos, primero individualmente y luego como equipo. En 2001, participaron de la reunión en la cual se creó el Manifiesto Ágil. Y de ahí en más, el *framework* Scrum fue tomando más y más popularidad y aceptación en el mundo del desarrollo de productos en contextos complejos.

Sprint: Intervalo de tiempo de una a cuatro semanas en el que el equipo se enfoca en el trabajo productivo y en alcanzar los objetivos definidos para tal ciclo.

Tablero kanban: Presentación visual de las tarjetas en un sistema kanban. Habitualmente, los tableros kanban están organizados en columnas verticales con (opcionalmente) calles horizontales; dimensiones adicionales pueden ser representadas por el color u otros atributos de la tarjeta. A medida que el trabajo avanza a través del sistema, las tarjetas que lo representan se mueven hacia la derecha de columna a columna. Los límites de WiP (Trabajo en Progreso por sus siglas en inglés) y otras políticas también pueden ser representados visualmente en el tablero.

Técnica: Detalle de pasos para lograr una tarea. Forma específica de aplicar un método. Por ejemplo, el User Story Mapping es una técnica para crear un plan y priorizar de forma ágil. Otro ejemplo de técnica son las User Stories (o Historias de Usuario), que nos invitan a balancear la comunicación basada en documentos y la comunicación basada en conversaciones.

Trabajo en progreso (*Work in Progress o WiP*): Elementos de trabajo que han entrado en el sistema o al estado *Doing* y que aún no se han terminado o descartado.

Bibliografía y fuentes consultadas

Adkins, Lyssa. (2010). *Coaching Agile Teams: A Companion for Scrummasters, Agile Coaches, and Project Managers in Transition*. Ed. Addison-Wesley.

Adkins, Lyssa y Spayd, Michael. (2011). Agile Coach Competency Framework. Agile Coaching Institute (ACI) https://agilecoachcompetencyframework.com/

Anderson, David J. y Carmichael, Andy. (2016). *Essential Kanban condensed*. Lean Kanban University Press.

Appelo, Jurgen. (2012) *Cómo cambiar el mundo: Gestión del cambio 3.0*. Jojo Ventures BV.

Aristóteles Retórica. (2014). Alianza Editorial.

Bateson, Gregory. (1972) *Pasos hacia una Ecología de la Mente*. Ed. Lumen.

Bauman, Zygmunt. (2002). *Modernidad Líquida*. Ed. Fondo De Cultura Económica.

Bilinkis, Santiago. (2019). *Guía para sobrevivir al presente. Atrapados en la era digital*. Ed. Sudamericana.

Blanchard, Ken. (2016). *¿Quién mató a Cambio?* Ed. Harper-Collins.

Bowman, Sharon L. (2008). *Training from the Back of the Room! 65 Ways To step aside and let them learn*. Ed. Pfeiffer.

Business Agility Institute. (2023). *Domains of Business Agility, An operating model for the next generation of organizations.* Business Agility Institute (BAI).

Castoriadis, Cornelius. (1975). *La Institución imaginaria de la sociedad.* Ed. Tusquets.

Cornella, Alfons. (2003). *Infoxicación. Buscando un orden en la información.* Libros Infonomia.

Coyle, Daniel. (2018). *El código de la cultura: El secreto de los equipos más exitosos del mundo.* Ed. Conecta.

De Bono, Edward. (1988). *Seis sombreros para pensar.* Ed. Granica.

Debord, Guy. (1967). *La Sociedad del Espectáculo.* Ed. Pre-Textos.

De Saint-Exupéry, Antoine. (1946). *El Principito.* Éditions Gallimard.

Di Fiore, Alessandro. (2018). *Planning Doesn't Have to Be the Enemy of Agile.* Harvard Business Review.

Doerr, John. (2019). *Mide lo que importa. Cómo Google, Bono y la Fundación Gates cambian el mundo con OKRs.* Ed. Conecta.

Downey, Myles. (2003). *Effective Coaching: Lessons from the Coach's Coach.* Texere Publishing.

Dunbar, Robin. (1992). *Neocortex size as a constraint on group size in primates.* Journal of Human Evolution 22.

Gottfredson, Ryan. (2020). *Success Mindsets. Your Keys to Unlocking Greater Success in Your Life, Work, & Leadership.* Ed. Morgan James Publishing.

Hall, Edward T. (1976). *Beyond Culture.* Knopf Doubleday Publishing Group.

Harari, Yuval Noah. (2014). *De animales a dioses. Una breve historia de la humanidad.* Ed. Debate.

Highsmith, Jim. (2001). *History: The Agile Manifesto.* https://agilemanifesto.org/history.html

Kaner, Sam. (2007). *Facilitator's guide to participatory decision-making.* Ed. Jossey-Bass.

Kofman, Fred. (2008). *La empresa consciente. Cómo construir valor a través de valores.* Ed. Aguilar.

Kohan, Martín. (2023). *¿Hola?: Un réquiem para el teléfono.* Ediciones Godot.

Laloux, Frederic. (2014). *Reinventando las organizaciones. Una Guía para crear organizaciones inspiradas en el siguiente estadio de la conciencia humana.* Ed. Nelson Parker.

Land, George. (2011). *The Failure Of Success.* TED Talk, TEDx Tucson.

Little, Jason. (2014). *Lean Change Management. Innovative Practices For Managing Organizational Change.* Happy Melly Express.

Marquet, David. (2012). *Turn the ship around. A True Story of Turning Followers into Leaders.* Ed. Portfolio.

Maslow, Abraham. (1943). *A Theory of Human Motivation.* Bnpublishing.

Maturana, Humberto y Varela, Francisco. (1973). *De máquinas y seres vivos. Autopoiesis: la organización de lo vivo.* Ed. Lumen.

Mintzberg, Henry. (1994). *La caída y el auge de la planificación estratégica.* Harvard Business Review.

Moore, Geoffrey. (2014). *Cruzando el abismo: Cómo vender productos disruptivos a consumidores generalistas.* Harper Business.

Morgan, Gareth. (1999). *Imágenes de la Organización*. Alfaomega Grupo Editor.

Nogués, Guadalupe. (2019). *Pensar con otros: una guía de supervivencia en tiempos de posverdad*. Ed. ABRE | El Gato y La Caja.

Pirsig, Robert. (1974). *Zen y el arte del mantenimiento de motocicletas*. Mariner Books.

Rao, Hayagreeva y I. Sutton, Robert. (2014). *Scaling Up Excellence: Getting to More Without Settling for Less*. Currency.

Ries, Eric. (2011). *The Lean Startup: How Today's Entrepreneurs Use Continuous Innovation to Create Radically Successful Businesses*. Currency.

Rogers, Everett. (1962). *Diffusion of Innovations*. Free Press.

Rudd, Charlie. (2016). *The Third Wave of Agile*. SolutionsIQ.

Ruiz, Miguel. (1997). *Los cuatro acuerdos, un libro de sabiduría tolteca*. Ed. Urano.

Sartori, Giovanni. (1998). *Homo videns, la sociedad teledirigida*. Ed. Taurus.

Schwaber, Ken y Sutherland, Jeff. (2020). *La Guía Definitiva de Scrum: Las Reglas del Juego*. Scrumguides.org.

Sfez, Lucien. (1988). *Crítica de la comunicación*. Amorrortu Editores.

Shannon, Claude E. y Weaver, Warren. (1949). *The Mathematical Theory of Communication*. University of Illinois.

Sigman, Mariano. (2022). *El poder de las palabras. Cómo cambiar tu cerebro (y tu vida) conversando*. Ed. Debate.

Sinek, Simon. (2011). *Start with Why: How Great Leaders Inspire Everyone to Take Action*. Ed. Portfolio.

Snow, C. P. (1959). *The two cultures*. Cambridge University Press.

Takeuchi H. y Nonaka I. (1986). *The New-New Product Development Game*. Harvard Business Review.

Thoren, Pia Maria. (2017). *Agile People: A Radical Approach for HR & Managers (That Leads to Motivated Employees)*. Lioncrest Publishing.

Turkle, Sherry. (1995). *La vida en la pantalla*. Ed. Paidós.

Turkle, Sherry. (2012). *Connected, but alone?* Ted Talk, Longbeach-California.

Ury, William. (2015). *The power of listening*. TED Talk, TEDx San Diego.

Wheatley, Margaret y Frieze, Debbie. (2011). *Leadership in the Age of Complexity: From Hero to Host*. Resurgence Magazine.

Wheatley, Margaret y Frieze, Debbie. (2011). *Walk Out Walk On: A Learning Journey Into Communities Daring to Live the Future Now*. Berrett Koehler Publishers.

Watzlawick, Paul (*et. als.*). (1991). *Teoría de la comunicación Humana. Interacciones, patologías, paradojas*. Ed. Herder Barcelona.

Wilkinson, Michael. (2004). *Los secretos de la facilitación. La guía inteligente para obtener resultados con grupos*. Ed.Jossey-Bass.

Winkin, Yves. (1982). *La Nueva comunicación*. Ed. Kairós.